Okusi Italije 2023

Jednostavni recepti za pripremu autentičnih talijanskih jela

Alessandro Bianchi

SADRŽAJ

Tagliarini s pestom, genovski stil 7

Fettuccine s artičokama 10

Fettuccine s filetima rajčice 13

Fettuccine s tisuću začina 15

Fettuccine s kobasicama i vrhnjem 18

Zeleno-bijela tjestenina s kobasicama i vrhnjem 20

Fettuccine s porilukom i fontinom 22

Fettuccine s gljivama i pršutom 24

Ljetne tagliatelle 26

Fettuccine s umakom od gljiva i inćuna 28

Fettuccine s jakobovim kapicama 30

Tagliarini sa škampima i kavijarom 32

Hrskava tjestenina sa slanutkom, na apulijski način 34

Tagliarini s abruzskim čokoladnim raguom 37

Bolonjske lazanje 40

napuljske lazanje 42

Lazanje od špinata i gljiva 45

Zelene lazanje 48

Zelene lazanje s ricottom, bosiljkom i umakom od rajčice 51

Lazanje od patlidžana 54

Cannelloni s ricottom i šunkom 57

Cannelloni od teletine i špinata 61

Zeleni i bijeli kaneloni 64

Cannelloni s estragonom i pecorinom 67

Ravioli od sira s umakom od svježih rajčica 70

Ravioli od špinata i sira na parmanski način 73

Ravioli od zimske tikve s maslacem i bademima 76

Mesni ravioli s umakom od rajčice 78

Ravioli s toskanskim kobasicama 82

Začinjeni ravioli, Marches stil 84

Ravioli s gljivama u umaku od maslaca i kadulje 86

Divovski ravioli s maslacem od tartufa 88

Ravioli od cikle s makom 91

Kolutovi tjestenine punjeni mesom u umaku od vrhnja 93

Tortelli od krumpira s Raguom od kobasica 96

Njoki od krumpira 99

Njoki od krumpira s janjećim raguom 103

Gratinirani njoki od krumpira 106

Njoki od krumpira na sorentski način 108

Puding od čokolade 111

Puding od riže s komadićima čokolade 113

Karamel krema od kave 115

Čokoladna krema karamela 118

Amaretti krema od karamele 121

Jednostavan sirup za Granitu 124

Granita od limuna 125

Granita od lubenice 127

Linguine sa sušenim rajčicama 129

Špageti s paprikom, pecorinom i bosiljkom 131

Penne s tikvicama, bosiljkom i jajima 135

Tjestenina sa graškom i jajima 138

Linguine s mahunama, rajčicama i bosiljkom 140

Male uši s kremom od krumpira i rukolom 142

Tjestenina i krumpir 144

Školjke s cvjetačom i sirom 147

Tjestenina s cvjetačom, šafranom i ribizlom 149

Leptir mašne s artičokama i graškom 152

Fettuccine s artičokama i vrganjima 155

Rigatoni s Ragu od patlidžana 159

Sicilijanski špageti s patlidžanima 162

Leptir mašne s brokulom, rajčicama, pinjolima i grožđicama 165

Cavatelli s povrćem od češnjaka i krumpirom 167

Linguine s tikvicama 170

Pene s povrćem na žaru 172

Penne s gljivama, češnjakom i ružmarinom 175

Linguine s ciklom i češnjakom 177

Leptir mašne s ciklom i zelenilom 179

Tjestenina sa salatom 181

Fusilli s pečenim rajčicama 183

Laktovi s krumpirom, rajčicama i rikulom 186

rimski ruralni linguine 188

Penne s proljetnim povrćem i češnjakom 190

"Vučena" tjestenina s vrhnjem i gljivama 192

Rimska tjestenina od rajčice i mozzarelle 195

Fusilli s tunom i rajčicama 197

Linguine sa sicilijanskim pestom 199

Špageti s "Ludim" pestom 201

Leptir mašne s nekuhanim umakom Puttanesca 203

Tjestenina sa sirovim povrćem 205

"Požuri" Špageti 207

"Ljutita" Penne 210

Tagliarini s pestom, genovski stil

Tagliarini al Pesto

Za 4 do 6 porcija

U Liguriji se tanki končići svježe tjestenine poslužuju u proljeće s pestom prelivenim tankim zelenim grahom i narezanim mladim krumpirom. Povrće nosi okus pesta, smanjujući dio bogatstva i dodajući teksturu.

Riječ pesto znači istucani, a postoji još nekoliko vrsta pesto umaka, iako je ovaj najpoznatiji.

1 šalica upakiranih svježih listova bosiljka

1/2 šalice pakiranog svježeg peršina

1/4 šalice pinjola

1 češanj češnjaka

Sol i svježe mljeveni crni papar po ukusu

1/3 šalice ekstra djevičanskog maslinovog ulja

1 šalica svježe ribanog Parmigiano-Reggiano ili Pecorino Romano

4 srednje velika voštana krumpira, oguljena i narezana na tanke ploške

8 unci tankih zelenih mahuna, izrezanih na komade od 1 inča

1 funta svježih tagliarinija ili fettuccina

2 žlice neslanog maslaca, na sobnoj temperaturi

1. U procesoru hrane ili blenderu pomiješajte bosiljak, peršin, pinjole, češnjak i prstohvat soli. Nasjeckajte sitno. Dok stroj radi, dodajte ulje u ravnomjernom mlazu i obradite dok ne postane glatko. Umiješajte sir.

2. Zakuhajte najmanje 4 litre vode. Dodajte krumpir i mahune. Kuhajte dok ne omekša, oko 8 minuta. Izdubite povrće šupljikavom žlicom. Stavite ih u prethodno zagrijanu posudu za posluživanje. Pokrijte i držite na toplom.

3. Dodajte tjesteninu u kipuću vodu i dobro promiješajte. Kuhajte na jakoj vatri, često miješajući, dok tjestenina ne postane al dente, mekana, ali čvrsta. Ocijedite tjesteninu, a dio tekućine od kuhanja ostavite.

4. Dodajte tjesteninu, pesto i maslac u zdjelu za posluživanje s povrćem. Dobro promiješajte i dodajte malo tekućine od kuhanja ako vam se tjestenina čini suha. Poslužite odmah.

Fettuccine s artičokama

Fettuccine s Carciofijem

Za 4 do 6 porcija

U proljeće se na otvorenim tržnicama diljem Rima pojavljuju kolica puna artičoka. Njihove duge stabljike i listovi još uvijek su pričvršćeni, što ih sprječava da se osuše. Rimski kuhari znaju da su stabljike jednako ukusne kao i srca artičoke. Treba ih samo oguliti i mogu se kuhati odmah uz artičoke ili nasjeckati za nadjev.

3 srednje artičoke

1/4 šalice maslinovog ulja

1 manja glavica luka sitno nasjeckana

1/4 šalice nasjeckanog svježeg ravnog peršina

1 češanj češnjaka, samljeven

Sol i svježe mljeveni crni papar po ukusu

1/2 šalice suhog bijelog vina

1 funta svježih fettuccina

Ekstra djevičansko maslinovo ulje

1.Koristeći veliki, oštar nož, odrežite vrh od 1/2 do 3/4 inča artičoka. Isperite artičoke pod hladnom vodom, raširite listove. Izbjegavajte male trnje na preostalim vrhovima lišća. Naslonite se i odrežite sve tamnozelene listove dok ne dođete do blijedožutog stošca nježnog lišća u središtu artičoke. Ogulite čvrstu vanjsku kožu oko baze i peteljki. Ostavite stabljike fiksirane na bazi; odrežite krajeve stabljika. Artičoke prerežite po dužini na pola i žlicom izdubite pahuljaste čoke. Artičoke narežite na tanke ploške po dužini.

2.Ulijte ulje u posudu dovoljno veliku da u nju stane kuhana tjestenina. Dodajte luk, peršin i češnjak i kuhajte na srednjoj vatri dok luk ne porumeni, oko 15 minuta.

3.Dodajte kriške artičoke, vino te sol i papar po ukusu. Poklopite i kuhajte dok artičoke ne omekšaju kada ih probodete vilicom, oko 10 minuta.

4.Zakuhajte najmanje 4 litre vode. Dodajte 2 žlice soli pa tjesteninu. Dobro promiješati. Kuhajte na jakoj vatri, često miješajući, dok tjestenina ne postane al dente, mekana, ali čvrsta. Ocijedite tjesteninu, a dio tekućine od kuhanja ostavite. Dodajte tjesteninu u tavu s artičokama.

5.Dodajte malo ekstra djevičanskog maslinovog ulja i malo vode od kuhanja ako se tjestenina čini suhom. Baci dobro. Poslužite odmah.

Fettuccine s filetima rajčice

Fettuccine al Filetto di Pomodoro

Za 4 do 6 porcija

Trake zrelih pelata koje su jedva kuhane ukusne su uz svježe fettuccine. U ovom blagom umaku rajčice zadržavaju sav svoj slatki, svježi okus.

4 žlice neslanog maslaca

1/4 šalice sitno nasjeckanog luka

1 funta rajčice šljive, oguljene i bez sjemenki te narezane na trake od 1 inča (2,5 cm)

6 listova svježeg bosiljka

Posolite po ukusu

1 funta svježih fettuccina

Svježe naribani Parmigiano-Reggiano

1. U velikoj tavi zagrijte 3 žlice maslaca na srednje jakoj vatri dok se ne otopi. Dodajte luk i kuhajte dok ne porumeni, oko 10 minuta.

2. Umiješajte filete rajčice, listove bosiljka i nekoliko prstohvata soli. Kuhajte dok rajčice ne omekšaju, oko 5 do 10 minuta.

3. Zakuhajte najmanje 4 litre vode. Dodajte 2 žlice soli pa tjesteninu. Dobro promiješati. Kuhajte na jakoj vatri, često miješajući, dok tjestenina ne postane al dente, mekana, ali čvrsta. Ocijedite tjesteninu, a dio tekućine od kuhanja ostavite.

4. Dodajte fettuccine u tavu zajedno s preostalom 1 žlicom maslaca. Baci dobro. Dodajte malo vode od kuhanja ako vam se tjestenina čini suha. Poslužite odmah sa sirom.

Fettuccine s tisuću začina

Fettuccine alle Mille Erbe

Za 4 do 6 porcija

Ovo je jedna od mojih omiljenih ljetnih tjestenina, koju volim raditi kada začinsko bilje u mom vrtu procvjeta, a rajčice savršeno zrele. Recept dolazi iz Locanda dell'Amorosa, restorana i gostionice u Sinalungi u Toskani. Ondje su koristili stracci, što znači "frayy", oblik tjestenine sličan pappardelleu, izrezan rebrastim kotačićem za tijesto tako da su rubovi nazubljeni. Fettuccine je dobra zamjena.

Pri izradi ovog umaka potrebno je puno sjeckanja, ali to se može učiniti puno prije posluživanja. Ne mijenjajte sušeno bilje svježim. Okus bi im bio previše agresivan u ovoj pasti. Što više začina upotrijebite, to je okus složeniji, ali čak i ako ne upotrijebite sve od navedenih, bit će ukusan.

1/4 šalice nasjeckanog talijanskog peršina

1/4 šalice nasjeckanog svježeg bosiljka

1/4 šalice nasjeckanog svježeg estragona

2 žlice nasjeckane svježe metvice

2 žlice nasjeckanog svježeg mažurana

2 žlice nasjeckanog svježeg timijana

8 svježih listova kadulje, sitno nasjeckanih

1 grančica svježeg ružmarina, sitno nasjeckanog

1/3 šalice ekstra djevičanskog maslinovog ulja

Sol i svježe mljeveni crni papar

1 funta svježih fettuccina

1/2 šalice svježe naribanog pecorina romana

2 srednje zrele rajčice oguljene, očišćene od sjemenki i nasjeckane

1. U zdjelu dovoljno veliku da stane sve sastojke pomiješajte začinsko bilje, maslinovo ulje te sol i papar po ukusu. Staviti sa strane.

2. Zakuhajte najmanje 4 litre vode. Dodajte 2 žlice soli, pa tjesteninu. Dobro promiješati. Kuhajte na jakoj vatri, često miješajući, dok tjestenina ne postane al dente, mekana, ali čvrsta. Ocijedite tjesteninu, a dio tekućine od kuhanja ostavite.

3. Dodajte tjesteninu u zdjelu sa mješavinom začina i dobro promiješajte. Dodajte sir i ponovno promiješajte. Podijelite rajčice po tjestenini i odmah poslužite.

Fettuccine s kobasicama i vrhnjem

Fettuccine sa Salsicciom

Za 4 do 6 porcija

Pečena crvena paprika, komadići kobasice i zeleni grašak uklopljeni su u kremasti fettuccine za izvrstan okus u svakom zalogaju u ovom receptu iz Emilia-Romagne. Za ovaj recept pokušajte pronaći mesnate svinjske kobasice bez puno začina.

8 unci obične talijanske svinjske kobasice, skinuta ovojnica

1 šalica gustog ili gustog vrhnja

1/2 šalice ocijeđene pečene crvene paprike narezane na kockice

1/2 šalice svježeg ili smrznutog graška

1 žlica nasjeckanog svježeg peršina

Sol i svježe mljeveni crni papar

1 funta svježih fettuccina

1/2 šalice svježe naribanog parmigiano-reggiana

1. Zagrijte veliku tavu na srednje jakoj vatri. Dodajte kobasicu i kuhajte, često miješajući da se razbiju grudice, dok više ne bude ružičasta, oko 5 minuta. Meso prebacite na dasku za rezanje, ostavite da se malo ohladi, pa sitno nasjeckajte.

2. Očistite tavu. U tavu ulijte vrhnje i narezanu kobasicu i prokuhajte. Umiješajte pečenu papriku, grašak, peršin te sol i papar po želji. Kuhajte 3 minute ili dok grašak ne omekša. Ugasite vatru.

3. Zakuhajte najmanje 4 litre vode. Dodajte 2 žlice soli pa tjesteninu. Dobro promiješati. Kuhajte na jakoj vatri, često miješajući, dok tjestenina ne postane al dente, mekana, ali čvrsta. Ocijedite tjesteninu, a dio tekućine od kuhanja ostavite.

4. Ubacite tjesteninu u tavu s umakom. Dodajte sir i ponovno promiješajte. Po potrebi umiješajte malo tekućine od kuhanja. Poslužite odmah.

Zeleno-bijela tjestenina s kobasicama i vrhnjem

Paglia i Fieno

Za 4 do 6 porcija

Paglia e Fieno doslovno se prevodi kao "slama i sijeno", čudan naziv u Emiliji-Romagni za ovo jelo od tankih zelenih i bijelih rezanaca kuhanih zajedno. Obično se prelijevaju kremastim umakom od kobasica.

2 žlice neslanog maslaca

8 unci obične talijanske svinjske kobasice, skinuta crijeva i nasjeckana

1 šalica gustog vrhnja

1/2 šalice svježeg ili smrznutog graška

Slano

1/2 funte tagliarinija od svježih jaja

1/2 funte tagliarini od svježeg špinata

Svježe mljeveni crni papar

1/2 šalice svježe naribanog parmigiano-reggiana

1. U tavi dovoljno velikoj da u nju stane kuhana tjestenina otopite maslac na srednjoj vatri. Dodajte meso kobasice i kuhajte uz često miješanje dok meso više ne bude ružičasto, oko 5 minuta. Nemojte smeđiti.

2. Umiješajte vrhnje i grašak te prokuhajte. Kuhajte 5 minuta ili dok se krema malo ne zgusne. Maknite s vatre.

3. Zakuhajte najmanje 4 litre vode. Dodajte 2 žlice soli pa tjesteninu. Dobro promiješati. Kuhajte na jakoj vatri, često miješajući, dok tjestenina ne postane al dente, mekana, ali čvrsta. Ocijedite tjesteninu, a dio tekućine od kuhanja ostavite.

4. U smjesu s kobasicama umiješajte tjesteninu. Dodajte veliku količinu crnog papra i sira i dobro promiješajte. Poslužite odmah.

Fettuccine s porilukom i fontinom

Fettuccine s Porrijem i Fontinom

Za 4 do 6 porcija

Najfiniji sir fontina dolazi iz Valle d'Aoste u sjeverozapadnoj Italiji. Kremaste je teksture i zemljanog okusa koji podsjeća na tartufe. Savršen je sir za jelo, a i dobro se topi.

4 srednja poriluka

1/2 šalice vode

2 žlice neslanog maslaca

Slano

3/4 šalice šlaga

4 unce narezanog uvoznog talijanskog pršuta, poprečno narezanog na tanke trakice

Svježe mljeveni crni papar

1 funta svježih fettuccina

1 šalica ribane Fontine Valle d'Aosta ili Asiago

1. Odrežite zelene vrhove i krajeve korijena poriluka. Prerežite ih po dužini na pola i dobro isperite pod mlazom hladne vode da sav griz izađe između slojeva. Poriluk ocijedite i narežite poprečno na tanke ploške. Trebalo bi biti oko 3 1/2 šalice narezanog poriluka.

2. U tavi dovoljno velikoj da u nju stane tjestenina, pomiješajte poriluk, vodu, maslac i sol po ukusu. Zakuhajte vodu i kuhajte na laganoj vatri dok poriluk ne omekša i postane malo proziran i dok većina vlage ne ispari, oko 30 minuta.

3. Dodajte vrhnje i pirjajte još 2 minute ili dok se malo ne zgusne. Umiješajte pršut i malo papra. Maknite umak s vatre.

4. Zakuhajte najmanje 4 litre vode. Dodajte 2 žlice soli pa tjesteninu. Dobro promiješati. Kuhajte na jakoj vatri, često miješajući, dok tjestenina ne postane al dente, mekana, ali čvrsta. Ocijedite tjesteninu, a dio tekućine od kuhanja ostavite.

5. Dodajte tjesteninu u tavu s umakom i dobro promiješajte. Dodajte malo vode od kuhanja ako vam se tjestenina čini suha. Dodajte fontinu, ponovno promiješajte i poslužite.

Fettuccine s gljivama i pršutom

Fettuccine s funghi i pršutom

Za 4 do 6 porcija

Pršut se inače reže na tanke ploške, ali kada ga dodajem u kuhano jelo, često mi je draže meso narezati na jednu deblju krišku, koju onda narežem na uske trakice. Bolje zadržava oblik i ne raskuhava se na toplini.

4 žlice neslanog maslaca

1 paket (10 unci) šampinjona, tanko narezanih

1 šalica smrznutog graška, djelomično odmrznutog

Sol i svježe mljeveni crni papar

4 unce uvezenog talijanskog pršuta, u jednoj kriški debljine oko 1⁄4 inča, poprečno izrezanog na tanke trake

1 funta svježih fettuccina

1⁄2 šalice šlaga

1⁄2 šalice svježe naribanog parmigiano-reggiana

1. U tavi dovoljno velikoj da stane sve sastojke, otopite maslac na srednjoj vatri. Dodajte gljive i kuhajte uz povremeno miješanje dok sok od gljiva ne ispari i gljive ne počnu rumeniti, oko 10 minuta.

2. Umiješajte grašak. Pospite solju i paprom i kuhajte 2 minute. Umiješajte pršut i ugasite vatru. Poklopiti da ostane toplo.

3. Zakuhajte najmanje 4 litre vode. Dodajte 2 žlice soli pa tjesteninu. Dobro promiješati. Kuhajte na jakoj vatri, često miješajući, dok tjestenina ne postane al dente, mekana, ali čvrsta. Ocijedite tjesteninu, a dio tekućine od kuhanja ostavite.

4. U tavu s povrćem i pršutom dodajte tjesteninu. Pojačajte toplinu. Dodajte vrhnje i sir i ponovno promiješajte. Dodajte malo tekućine od kuhanja ako se tjestenina čini suhom. Poslužite odmah.

Ljetne tagliatelle

Tagliatelle Estiva

Za 4 do 6 porcija

Sve na ovoj tjestenini je slatko i svježe, od kriški malih, svježih tikvica, preko osunčanog zrelog okusa rajčice, do kremastog blagog okusa ricotta salate. Ovaj prešani, čvrsti, suhi oblik ricotte koristi se i kao stolni sir i za ribanje. Zamijenite ga blagim pecorinom ili parmigiano-reggianom ako ne možete pronaći ovu vrstu ricotte.

1 manja glavica luka nasjeckana

1/4 šalice maslinovog ulja

3 vrlo male tikvice, narezane na ploške od 1/4 inča

Slano

2 šalice rajčica prepolovljenih po dužini

1 šalica natrganih listova bosiljka

1 funta fettuccina od svježeg špinata

1/2 šalice naribane salate od ricotte

1. U velikoj tavi pirjajte luk na ulju na srednjoj vatri 5 minuta. Dodajte tikvice i posolite po ukusu. Kuhajte 5 minuta ili dok ne omekša. Umiješajte rajčice i kuhajte još 5 minuta ili dok tikvice ne omekšaju. Umiješajte polovicu bosiljka i ugasite vatru.

2. U međuvremenu zakuhajte najmanje 4 litre vode. Dodajte 2 žlice soli pa tjesteninu. Dobro promiješati. Kuhajte uz često miješanje dok tjestenina ne postane al dente, mekana, ali čvrsta.

3. Ocijedite tjesteninu i pomiješajte s umakom. Dodajte sir i preostalu 1/2 šalice bosiljka i ponovno promiješajte. Poslužite odmah.

Fettuccine s umakom od gljiva i inćuna

Fettuccine al Funghi

Za 4 do 6 porcija

Čak i oni koji inače ne vole inćune cijenit će pojačanje okusa koje daju ovom umaku. Njihova prisutnost nije vidljiva; inćuni se rastope u umaku.

2 velika režnja češnjaka, nasjeckana

1/3 šalice maslinovog ulja

12 unci bijelih ili smeđe-bijelih šampinjona, narezanih na vrlo tanke ploške

Sol i svježe mljeveni crni papar

1/2 šalice suhog bijelog vina

6 fileta inćuna, sitno nasjeckanih

2 velike svježe rajčice, oguljene, bez sjemenki i nasjeckane, ili 1 1/2 šalice nasjeckanih konzerviranih uvezenih talijanskih rajčica, s njihovim sokom

1 funta svježih fettuccina

1/4 šalice nasjeckanog svježeg ravnog peršina

2 žlice neslanog maslaca

1. U tavi dovoljno velikoj da stane sva tjestenina, kuhajte češnjak na ulju na srednjoj vatri 1 minutu.

2. Dodajte gljive i kuhajte, često miješajući, dok tekućina ne ispari i gljive ne počnu smeđiti, oko 10 minuta. Umiješajte vino i pustite da zavrije.

3. Dodajte inćune i rajčice. Smanjite vatru i kuhajte 10 minuta.

4. Zakuhajte najmanje 4 litre vode. Dodajte 2 žlice soli pa tjesteninu. Dobro promiješati. Kuhajte na jakoj vatri, često miješajući, dok tjestenina ne postane al dente, mekana, ali čvrsta. Ocijedite tjesteninu, a dio tekućine od kuhanja ostavite.

5. U tavu s umakom dodajte tjesteninu i dobro promiješajte s peršinom. Dodajte maslac i ponovno izmiksajte, po potrebi dodajte malo tekućine od kuhanja. Poslužite odmah.

Fettuccine s jakobovim kapicama

Fettuccine s Canestrellijem

Za 4 do 6 porcija

Ovu tjesteninu obično radim s velikim jakobovim kapicama. Pune su i slatke i dostupne tijekom cijele godine. Manje jakobove kapice, dostupne uglavnom na sjeveroistoku tijekom ljeta, također su izvrsne. Nemojte ih brkati s neukusnim jakobovim kapicama za toplu vodu. Ponekad se predstavljaju kao jakobove kapice, iako su uglavnom puno manje i nemaju okus. Jakobove kapice su oko pola inča u promjeru, kremasto bijele boje, dok su jakovske kapice veličine oko četvrt inča i vrlo bijele.

4 velika češnja češnjaka, sitno nasjeckana

1/4 šalice maslinovog ulja

1 funta morskih kapica, izrezanih na komade od 1 inča, ili lovorovih kapica, ostavljenih cijelih

Prstohvat crvene mljevene paprike

Slano

1 veća zrela rajčica, očišćena od sjemenki i narezana na kockice

2 šalice svježih listova bosiljka, narezanih na 2 ili 3 dijela

1 funta svježih fettuccina

1. U tavi dovoljno velikoj da stane sva tjestenina, kuhajte češnjak na ulju na srednjoj vatri dok češnjak ne postane lagano zlatne boje, oko 2 minute. Umiješajte jakobove kapice, sol i papar po ukusu. Kuhajte dok jakobove kapice ne postanu neprozirne, oko 1 minutu.

2. Umiješajte rajčicu i bosiljak. Kuhajte 1 minutu dok bosiljak malo ne povene. Maknite posudu s vatre.

3. Zakuhajte najmanje 4 litre vode. Dodajte 2 žlice soli pa tjesteninu. Dobro promiješati. Kuhajte na jakoj vatri, često miješajući, dok tjestenina ne postane al dente, mekana, ali čvrsta. Ocijedite tjesteninu, a dio tekućine od kuhanja ostavite.

4. Dodajte tjesteninu u tavu. Dobro promiješajte, po potrebi dodajte malo tekućine od kuhanja. Poslužite odmah.

Tagliarini sa škampima i kavijarom

Tagliarini al Gamberi i Caviale

Za 4 do 6 porcija

Kavijar od lososa koraljne boje ukusan je kontrapunkt slatkoći škampi i kremastom umaku na ovoj tjestenini. Ovaj sam recept smislio prije nekoliko godina za talijanski doček Nove godine za Washington Post.

12 unci srednjih škampa, oguljenih i bez žilica, narezanih na komade od 1/2 inča

1 žlica neslanog maslaca

2 žlice votke ili džina

1 šalica gustog vrhnja

Sol i svježe mljeveni bijeli papar

2 žlice vrlo sitno nasjeckanog mladog luka

1/2 žličice svježe korice limuna

1 funta svježih tagliarinija

3 unce kavijara od lososa

1. Otopite maslac na srednjoj vatri u tavi dovoljno velikoj da stane sva tjestenina. Dodajte škampe i kuhajte, miješajući, dok ne porumene i budu gotovo kuhane, oko 2 minute. Kozice rešetkastom žlicom prebacite na tanjur.

2. Dodajte votku u tavu. Kuhajte uz miješanje dok tekućina ne ispari, oko 1 minutu. Dodajte vrhnje i prokuhajte. Kuhajte dok se krema malo ne zgusne, još oko minutu. Umiješajte škampe te prstohvat soli i papra. Dodajte zeleni luk i koricu limuna. Maknite s vatre.

3. Zakuhajte najmanje 4 litre vode. Dodajte 2 žlice soli pa tjesteninu. Kuhajte uz često miješanje dok tjestenina ne postane al dente, mekana, ali čvrsta. Ocijedite tjesteninu, ali ostavite dio tekućine od kuhanja.

4. Ulijte tjesteninu u tavu s umakom i dobro promiješajte na srednje jakoj vatri. Dodajte malo vode od kuhanja ako vam se tjestenina čini suha. Podijelite tjesteninu po tanjurima. Svaku porciju pospite žlicom kavijara i odmah poslužite.

Hrskava tjestenina sa slanutkom, na apulijski način

Ceci i Tria

Za 4 porcije

Kratke trake svježe tjestenine ponekad se nazivaju tria u Pugliji i drugdje u južnoj Italiji. U desetom stoljeću, normanski vladar Sicilije, Roger II, dao je arapskom geografu da napravi pregled njegovog kraljevstva. Geograf al-Idrisi je zapisao da je vidio kako ljudi prave hranu od brašna u obliku niti koje su nazvali arapskom riječju za uže, itriyah. Skraćeni oblik, tria, koristi se i danas.

Tria su približno iste širine kao fettuccine, ali su izrezani na 3 inča duljine. Tjestenina u ovom receptu ima neobičan tretman: polovica se kuha na uobičajen način, ali se druga polovica prži dok ne postane hrskava, poput rezanaca koje ćete pronaći u kineskim restoranima. To dvoje se spaja u ukusnom umaku od slanutka. Ovo je tradicionalni recept iz južnog dijela Puglie, blizu Leccea. Razlikuje se od svih drugih recepata za tjesteninu koje sam probao u Italiji.

3 žlice plus 1/2 šalice maslinovog ulja

1 manja glavica luka nasjeckana

1 celer, sitno nasjeckan

1 češanj češnjaka, samljeven

1 1/2 šalice kuhanog ili konzerviranog slanutka, ocijeđenog

1 šalica oguljene, sjemenke i nasjeckane rajčice

2 žlice sitno nasjeckanog svježeg plosnatog peršina

2 šalice vode

Sol i svježe mljeveni crni papar

12 unci svježih fettuccina, izrezanih na komade od 3 inča

1. U velikom loncu pomiješajte 3 žlice maslinovog ulja te luk, celer i češnjak. Kuhajte na srednjoj vatri dok ne omekša, oko 5 minuta. Dodajte slanutak, rajčicu, peršin i vodu. Posolite i popaprite. Zakuhajte i kuhajte 30 minuta.

2. Pripremite pleh obložen papirnatim ubrusima. U velikoj tavi zagrijte preostalu 1/2 šalice ulja na srednje jakoj vatri. Dodajte četvrtinu tjestenine i kuhajte, miješajući, dok ne postane mjehurić i ne počne lagano smeđiti, oko 4 minute. Tjesteninu izvadite iz posude šupljikavom žlicom i ocijedite na limu za pečenje. Ponovite s drugom četvrtinom tjestenine.

3. Zakuhajte najmanje 4 litre vode. Dodajte 2 žlice soli pa ostatak tjestenine. Dobro promiješati. Kuhajte na jakoj vatri, često miješajući, dok tjestenina ne postane al dente, mekana, ali čvrsta. Ocijedite tjesteninu, a dio tekućine od kuhanja ostavite.

4. Kuhanu tjesteninu umiješajte u umak koji se kuha. Umiješajte malo tekućine od kuhanja ako se tjestenina čini suhom. Trebalo bi podsjećati na gustu juhu.

5. Zapečenu tjesteninu dodajte u tavu i promiješajte. Poslužite odmah.

Tagliarini s abruzskim čokoladnim raguom

Tjestenina Abruzzese al Cioccolato Amaro

Za 4 do 6 porcija

Prilagodio sam ovaj recept prema jednom koji mi je prijatelj Al Bassano rekao da ga je dobio s web stranice na talijanskom jeziku. Bio sam zaintrigiran jer nikada nisam vidio niti probao nešto slično. Jedva sam čekala da ga probam i nisam se razočarala. Mala količina čokolade i cimeta daje suptilno bogatstvo umaku.

Prema izvornom receptu, ragù se poslužuje s chitarrinom, tipičnom abruzskom pastom od jaja napravljenom na uređaju poznatom kao chitarra ili 'gitara'. U ovom slučaju, gitara je jednostavan drveni okvir nategnut nizom žica za gitaru. Preko konaca stavi se list svježeg tijesta za tjesteninu i preko tijesta se provuče oklagija. Čvrste niti režu tijesto na četvrtaste niti poput špageta. Tagliarini je dobra zamjena za chitarrinu.

1 srednja glavica luka, sitno nasjeckana

1/4 šalice maslinovog ulja

8 unci mljevene svinjetine

Sol i svježe mljeveni crni papar

1/2 šalice suhog crnog vina

1 šalica paste od rajčice

1/4 šalice paste od rajčice

1 šalica vode

1 žlica nasjeckane gorke čokolade

1/2 žličice šećera

Prstohvat mljevenog cimeta

1 funta svježih tagliarinija

1. U srednje velikoj tavi kuhajte luk na ulju na srednjoj vatri dok luk ne omekša i ne porumeni, oko 10 minuta. Dodajte svinjetinu i kuhajte, mrveći meso stražnjom stranom žlice, dok lagano ne porumeni. Posolite i popaprite.

2. Dodajte vino i pustite da zavrije. Kuhajte dok veći dio vina ne ispari.

3. Umiješajte pastu od rajčice, pastu od rajčice i vodu. Smanjite vatru i kuhajte 1 sat, povremeno miješajući, dok umak ne postane gust.

4. Umiješajte čokoladu, šećer i cimet dok se čokolada ne otopi. Okus za bilje.

5. Zakuhajte najmanje 4 litre vode. Dodajte 2 žlice soli pa tjesteninu. Dobro promiješati. Kuhajte na jakoj vatri, često miješajući, dok tjestenina ne postane al dente, mekana, ali čvrsta. Ocijedite tjesteninu, a dio tekućine od kuhanja ostavite.

6. Ubacite tjesteninu s umakom u veliku toplu zdjelu za posluživanje. Po potrebi dodati malo vode od kuhanja. Poslužite odmah.

Bolonjske lazanje

Lazanje bolonjez

Za 8 do 10 porcija

Ove lazanje iz Bologne u sjevernoj Italiji potpuno su drugačije od južnotalijanske verzije koja slijedi ovaj recept, iako su obje klasike. Bolognese verzija radi se sa zeleno obojenim lazanjama od špinata umjesto lazanja s jajima, a jedini sir koji se koristi je Parmigiano-Reggiano, dok južna verzija ima mozzarellu, ricottu i Pecorino Romano. Kremasti bijeli bešamel standardni je sastojak sjeverne varijante, dok južna varijanta sadrži puno više mesa. Probajte obje - jednako su ukusne.

    3 do 4 šaliceRagù. u bolonjskom stilu

    3 šalicebešamel

1 funta lazanja od svježeg špinata

Slano

1½ šalice svježe ribanog Parmigiano-Reggiano

2 žlice neslanog maslaca

1. Pripremite dva umaka. Zakuhajte najmanje 4 litre vode. Pripremite veliku zdjelu hladne vode. U kipuću vodu dodajte pola lazanja i 2 žlice soli. Kuhajte dok tjestenina ne bude mekana, ali malo kuhana. Uklonite pastu šupljikavom žlicom i stavite je u hladnu vodu. Na isti način skuhajte preostale trakice za lazanje. Ohlađene listove lazanja ravno položite na ručnike koji ne ostavljaju dlačice.

2. Premažite maslacem tavu dimenzija 13×10×2 inča. Ostavite 2 najljepše trake tjestenine sa strane za gornji sloj. Ostavite sa strane 1/2 šalice bešamela i 1/4 šalice sira. Napravite sloj tjestenine, preklapajući komade. Nanesite tanke slojeve bešamela, zatim ragua, pa sira. Ponovite slojeve i završite s tjesteninom. Gornji sloj premažite s 1/2 šalice bešamela koji ste spremili. Pospite rezervisanom 1/4 šalice sira. Pokapati maslacem. (Ako lazanje napravite prije vremena, dobro ih pokrijte plastičnom folijom i stavite u hladnjak preko noći.)

3. Postavite rešetku u sredinu pećnice. Zagrijte pećnicu na 375 ° F. Pecite lazanje 45 minuta. Ako lazanje previše porumene, malo ih prekrijte folijom. Pecite još 15 minuta ili dok umak ne zabubi i nož zaboden u sredinu ne izađe vruć. Pustite da odstoji 15 minuta prije posluživanja.

napuljske lazanje

Lazanje napuljske

Za 8 do 10 porcija

Kad radim lazanje, uvijek se sjetim svoje omiljene talijanske dječje bajke Pentolin delle Lasagne, koju je napisao A. Rubino i objavila u dječjem odjeljku novina Corriere della Sera 1932. To je priča o čovjeku koji je uvijek koristio pentolino di terakota na glavi, glinena posuda za kuhanje lazanja. Smatrao je da ga štiti od vremenskih nepogoda i uvijek je bio spreman napraviti lazanje u svakom trenutku. Nije iznenađujuće da je bio najbolji proizvođač lazanja u svojoj zemlji Pastacotta ("kuhana tjestenina"), iako su mu se ljudi smijali zbog njegovih ludih pokrivala za glavu. Zahvaljujući svom loncu za lazanje i malo magije, spasio je građane Pastacotte od gladi, postao kralj i živio sretno do kraja života radeći lazanje svake nedjelje za sve u svom kraljevstvu.

Ovo su lazanje kakve je pravila moja mama, a prije nje moja baka. Nevjerojatno je bogat, ali apsolutno neodoljiv.

Oko 8 šalica <u>napuljski Ragù</u>, napravljen sa malim mesnim okruglicama

Slano

1 funta svježih lazanja

2 funte cijele ili djelomično obrane ricotte

1 1/4 šalice svježe naribanog pecorina romana

1 funta svježe mozzarelle, tanko narezane

1. Pripremite ragù. Izvadite komade mesa, mesne okruglice i kobasice iz umaka. Svinjetinu i teletinu odvojite za drugi obrok. Kobasice narežite na tanke ploške i odložite ih zajedno s mesnim okruglicama za lazanje.

2. Na ravnu površinu stavite kuhinjske krpe koje ne ostavljaju dlačice. Pripremite veliku zdjelu hladne vode.

3. Zakuhajte oko 4 litre vode. Dodajte 2 žlice soli. Dodajte lazanje komad po komad. Kuhajte lazanje dok ne omekšaju, ali malo prekuhaju. Izvadite tjesteninu iz vode. Skuhanu tjesteninu stavite u hladnu vodu. Kada se tjestenina dovoljno ohladi da možete s njom rukovati, položite listove tjestenine ravno na ručnike. Ručnici se mogu slagati jedan na drugi. Nastavite kuhati i na isti način ohladiti preostale lazanje.

4. U tepsiju 13×9×2 inča rasporedite tanki sloj umaka. Napravite sloj tjestenine, lagano preklapajući komade. Premažite s 2 šalice

ricotte, zatim malim mesnim okruglicama i narezanim kobasicama, pa mozzarellom. Žlicom dodajte još otprilike 1 šalicu umaka na vrh i pospite s 1/4 šalice nasjeckanog sira.

5. Ponovite slojeve i završite tjesteninom, umakom i naribanim sirom. (Ako lazanje napravite prije vremena, dobro ih pokrijte plastičnom folijom i stavite u hladnjak preko noći.)

6. Postavite rešetku u sredinu pećnice. Zagrijte pećnicu na 375 ° F. Pecite lazanje 45 minuta. Ako lazanje previše porumene, malo ih prekrijte folijom. Pecite još 15 minuta ili dok vrh ne porumeni i dok umak ne počne mjehuriti oko rubova.

7. Izvadite lazanje iz pećnice i ostavite da se stegne 15 minuta. Lazanje narežite na kvadrate i poslužite.

Lazanje od špinata i gljiva

Lazanje od Funghi i Spinaci

Za 8 do 10 porcija

Parma je raj za ljubitelje tjestenine. Omotana oko ukusnih nadjeva, prelivena umacima ili naslagana različitim sastojcima, tjestenina se čini laganom poput zraka i uvijek ukusnom. Ovo se jelo temelji na mom sjećanju na nebesko kremaste lazanje koje sam jeo u Parmi prije mnogo godina.

3 šalice bešamel

1 funta svježeg špinata, orezanog

Slano

5 žlica neslanog maslaca

1 manja glavica luka sitno nasjeckana

1 1/2 funte gljiva, nasjeckanih

1 funta svježih lazanja

1 1/2 šalice svježe ribanog Parmigiano-Reggiano

1. Pripremite bešamel umak. Zatim stavite špinat u veliki lonac s 1/2 šalice vode. Dodajte prstohvat soli. Poklopite i kuhajte na srednjoj vatri dok špinat ne omekša, oko 5 minuta. Špinat dobro ocijedite. Neka se ohladi. Špinat zamotajte u ručnik i stisnite da iscijedite što više soka. Špinat sitno nasjeckajte i ostavite sa strane.

2. U velikoj tavi otopite četiri žlice maslaca na srednjoj vatri. Dodajte luk i kuhajte, povremeno miješajući, dok ne omekša, oko 5 minuta.

3. Umiješajte gljive te posolite i popaprite po ukusu. Kuhajte uz često miješanje dok sva tekućina ne ispari i gljive ne omekšaju. Umiješajte nasjeckani kuhani špinat.

4. Odvojite 1/2 šalice bešamela. Ostatak umiješajte u smjesu od povrća.

5. Pripremite veliku zdjelu hladne vode. Na radnu površinu stavite kuhinjske krpe koje ne ostavljaju dlačice.

6. Zakuhajte veliku posudu s vodom. Dodajte 2 žlice soli. Dodajte lazanje komad po komad. Kuhajte lazanje dok ne omekšaju, ali malo prekuhaju. Izvadite tjesteninu iz vode. Skuhanu tjesteninu stavite u hladnu vodu. Kada se tjestenina dovoljno ohladi da možete s njom rukovati, listove tjestenine ravno položite na

ručnike, koji se mogu slagati jedan na drugi. Nastavite kuhati i na isti način ohladiti preostale lazanje.

7. Premažite maslacem tavu dimenzija 13×9×2 inča. Ostavite 2 najljepše trake tjestenine sa strane za gornji sloj. Napravite sloj tjestenine u pripremljenoj posudi, preklapajući komade. Premažite tankim slojem povrća i prstohvatom sira. Ponovite slojeve i završite s tjesteninom. Premažite odvojenim bešamelom. Pospite preostalim sirom. Premažite preostalim maslacem.

8. Zagrijte pećnicu na 375 ° F. Pecite 45 minuta. Ako lazanje previše porumene, malo ih prekrijte folijom. Pecite još 15 minuta ili dok vrh ne porumeni i dok umak ne počne mjehuriti oko ruba. Izvadite iz pećnice i ostavite stajati 15 minuta prije posluživanja. Izrežite na kvadrate za posluživanje.

Zelene lazanje

Verde lazanje

Za 8 do 10 porcija

Zeleni rezanci za lazanje poslagani su šunkom, gljivama, rajčicama i bešamel umakom. Da bi ovo bilo bez mesa, jednostavno uklonite šunku.

3 šalice<u>bešamel</u>

1 unca suhih vrganja

2 šalice vruće vode

4 žlice neslanog maslaca

1 žlica maslinovog ulja

1 češanj češnjaka, samljeven

12 unci bijelih šampinjona, nasjeckanih

1/2 žličice sušenog mažurana ili majčine dušice

Sol i svježe mljeveni crni papar

1 šalica oguljenih, sjemenki i nasjeckanih svježih rajčica ili konzerviranih uvezenih talijanskih rajčica, ocijeđenih i nasjeckanih

8 unci narezane kuhane šunke, nasjeckane

1 1/4 šalice svježe ribanog Parmigiano-Reggiano

1 1/4 funte zelenih lazanja

1. Pripremite bešamel umak. Suhe gljive stavite u vodu i namačite 30 minuta. Izvadite gljive iz zdjele i ostavite tekućinu. Isperite gljive pod hladnom tekućom vodom kako biste uklonili sav pijesak, obraćajući posebnu pozornost na krajeve stabljika gdje se nakuplja zemlja. Gljive grubo nasjeckajte. Procijedite tekućinu od gljiva kroz papirnati filter za kavu u zdjelu.

2. U velikoj tavi rastopite dvije žlice maslaca s uljem na srednjoj vatri. Dodajte češnjak i kuhajte minutu. Dodajte svježe i suhe gljive, mažuran te sol i papar po ukusu. Kuhajte uz povremeno miješanje 5 minuta. Dodajte rajčice i sačuvanu tekućinu od gljiva i kuhajte dok se ne zgusne, još oko 10 minuta.

3. Pripremite veliku zdjelu hladne vode. Na radnu površinu stavite kuhinjske krpe koje ne ostavljaju dlačice.

4. Zakuhajte najmanje 4 litre vode. Dodajte 2 žlice soli. Dodajte lazanje komad po komad. Kuhajte lazanje dok ne omekšaju, ali malo prekuhaju. Izvadite tjesteninu iz vode. Skuhanu tjesteninu stavite u hladnu vodu. Kada se tjestenina dovoljno ohladi da možete s njom rukovati, listove tjestenine ravno položite na ručnike, koji se mogu slagati jedan na drugi. Nastavite kuhati i na isti način ohladiti preostale lazanje.

5. Premažite maslacem tavu dimenzija 13×9×2 inča. Ostavite 2 najljepše trake tjestenine sa strane za gornji sloj. Ostavite sa strane 1/2 šalice bešamela i 1/4 šalice sira. Napravite sloj tjestenine, preklapajući komade. Premažite tankim slojem bešamela, umaka od gljiva, šunke i sira. Ponovite slojeve i završite s tjesteninom. Premazati odvojenim bešamelom. Pospite preostalim sirom. Premažite preostalim maslacem.

6. Postavite rešetku u sredinu pećnice. Zagrijte pećnicu na 375 ° F. Pecite lazanje 45 minuta. Ako lazanje previše porumene, malo ih prekrijte folijom. Otklopite i pecite još 15 minuta ili dok vrh ne porumeni i dok umak ne počne mjehuriti oko rubova. Pustite da odstoji 15 minuta prije posluživanja. Izrežite na kvadrate za posluživanje.

Zelene lazanje s ricottom, bosiljkom i umakom od rajčice

Lasagna Verde s Ricottom, Basilicom i Marinarom

Za 8 do 10 porcija

Moja baka je radila lazanje na napuljski način, ali nas je svako malo iznenadila ovom bezmesnom verzijom, pogotovo ljeti kada bi se tipični mesni ragu činio preteškim.

Od same pomisli na ove lazanje postajem gladan. Miris bosiljka, bogatstvo sira i slatkoća umaka od rajčice kombinacija je koja mi je primamljiva. Također je prekrasno jelo, sa svojim slojevima crvene, zelene i bijele boje.

5 do 6 šalica<u>Marinara umaki</u>li<u>svježi umak od rajčice</u>

Sol i svježe mljeveni crni papar

1 1/4 funte svježih zelenih lazanja

2 funte svježe djelomično obrane ricotte

1 jaje, lagano tučeno

1 šalica svježe ribanog Parmigiano-Reggiano ili Pecorino Romano

8 unci svježeg sira mozzarella, tanko narezanog

1 veća vezica bosiljka naslagana i izrezana na uske trake

1. Po potrebi pripremite umak. Zatim pripremite veliku zdjelu hladne vode. Na radnu površinu stavite kuhinjske krpe koje ne ostavljaju dlačice.

2. Zakuhajte najmanje 4 litre vode. Dodajte 2 žlice soli. Dodajte lazanje komad po komad. Kuhajte lazanje dok ne omekšaju, ali malo prekuhaju. Izvadite tjesteninu iz vode. Skuhanu tjesteninu stavite u hladnu vodu. Kada se tjestenina dovoljno ohladi da možete s njom rukovati, listove tjestenine ravno položite na ručnike, koji se mogu slagati jedan na drugi. Nastavite kuhati i na isti način ohladiti preostale lazanje.

3. U zdjeli istucite ricottu, jaje te sol i papar po ukusu.

4. U tepsiju 13×9×2 inča rasporedite tanki sloj umaka. Stavite dvije lazanje u tavu u jednom sloju, lagano preklapajući. Ravnomjerno premažite s polovicom smjese od ricotte i pospite s 2 žlice naribanog sira. Na vrh pospite jednu trećinu kriški mozzarelle.

5. Napravite drugi sloj lazanja i premažite umakom. Po tome rasporedite bosiljak. Na vrh stavite sireve kako je gore opisano. Ponovite za treći sloj. Posljednji sloj napravite od lazanja, umaka, mozzarelle i naribanog sira. (Može se napraviti unaprijed do ove

točke. Pokrijte plastičnom folijom i stavite u hladnjak na nekoliko sati ili preko noći.)

6. Postavite rešetku u sredinu pećnice. Zagrijte pećnicu na 375 ° F. Pecite lazanje 45 minuta. Ako lazanje previše porumene, malo ih prekrijte folijom. Pecite još 15 minuta ili dok vrh ne porumeni i dok umak ne počne mjehuriti oko rubova. Neka odstoji 15 minuta. Izrežite na kvadrate i poslužite.

Lazanje od patlidžana

Lazanje s parmigianom

Za 8 do 10 porcija

Moja prijateljica Donatella Arpaia, koja je ljeto u djetinjstvu provela u Italiji sa svojom obitelji, sjeća se omiljene tete koja je rano ujutro pripremala lazanje sa svježim povrćem koje bi kasnije tijekom dana nosila na plažu za ručak. Posuda je bila pažljivo umotana u ručnike i sadržaj bi još bio topao kad bi jeli.

Ova verzija podsjeća na parmezan od patlidžana, uz dodatak svježih rezanaca za lazanje. Savršen je za ljetni švedski stol ili za posluživanje vegetarijanaca.

2 srednja patlidžana (oko 1 funta svaki)

Slano

Maslinovo ulje

1 srednja glavica luka, sitno nasjeckana

5 funti svježih rajčica šljiva, oguljenih, sjemenki i nasjeckanih, ili 2 (28 unci) konzervi uvezenih talijanskih pelata, ocijeđenih i nasjeckanih

Svježe mljeveni crni papar

2 žlice nasjeckanog svježeg peršina

2 žlice nasjeckanog svježeg bosiljka

1 funta svježih lazanja

1 funta svježe mozzarelle, narezane na četvrtine i tanko narezane

1 šalica svježe ribanog Parmigiano-Reggiano

1. Patlidžane ogulite i narežite na tanke ploške. Kriške pospite solju i stavite u cjedilo na tanjur. Pustite da odstoji najmanje 30 minuta. Isperite patlidžan u hladnoj vodi i osušite.

2. Postavite rešetku u sredinu pećnice. Zagrijte pećnicu na 400 ° F. Uljem obilato namažite kriške patlidžana s obje strane. Kriške stavite na velike tepsije. Pecite patlidžane 30 minuta, ili dok ne omekšaju i lagano porumene.

3. U velikom loncu kuhajte luk u 1/3 šalice maslinovog ulja na srednjoj vatri, miješajući, dok ne omekša, ali ne posmeđi, oko 10 minuta. Dodajte rajčice te sol i papar po ukusu. Zakuhajte i kuhajte dok se malo ne zgusne, oko 15 do 20 minuta. Umiješajte bosiljak i peršin.

4. Na radnu površinu stavite kuhinjske krpe koje ne ostavljaju dlačice. Pripremite veliku zdjelu hladne vode. Zakuhajte najmanje 4 litre vode. Dodajte 2 žlice soli. Kuhajte trake za lazanje nekoliko komada odjednom. Skinite trake nakon minute ili dok su još čvrste. Stavite ih u zdjelu s vodom da se ohlade. Zatim ih ravno položite na ručnike. Ponovite, kuhajte i ohladite preostalu tjesteninu na isti način; ručnici se mogu slagati jedan na drugi.

5. Lagano namastite posudu za lazanje dimenzija 13×9×2 inča. Tepsiju premažite tankim slojem umaka.

6. Napravite sloj tjestenine, lagano preklapajući komade. Premažite tankim slojem umaka, zatim ploške patlidžana, mozzarellu i naribani sir. Ponovite slojeve i završite tjesteninom, umakom od rajčice i naribanim sirom. (Može se napraviti do 24 sata unaprijed. Pokrijte plastičnom folijom i ohladite. Izvadite iz hladnjaka oko 1 sat prije pečenja.)

7. Zagrijte pećnicu na 375 ° F. Pecite 45 minuta. Ako lazanje previše porumene, malo ih prekrijte folijom. Pecite još 15 minuta ili dok vrh ne porumeni i dok umak ne počne mjehuriti oko rubova. Izvadite iz pećnice i ostavite stajati 15 minuta prije posluživanja. Izrežite na kvadrate za posluživanje.

Cannelloni s ricottom i šunkom

Cannelloni al Pršut

Za 8 porcija

Ricotta znači "ponovno kuhana". Ovaj svježi sir proizvodi se u Italiji od sirutke kravljeg ili ovčjeg mlijeka, vodenaste tekućine koja ostaje nakon izrade čvrstog sira, poput pekorina. Kada se sirutka zagrije, preostale čvrste tvari se zgrušaju. Nakon cijeđenja, skuta se pretvara u meki sir koji poznajemo kao ricottu. Talijani ga jedu kao doručak ili kao desertni sir te u mnogim jelima od tjestenine. Ovo su kaneloni u južnotalijanskom stilu punjeni ricotta sirom i trakicama pršuta. Uz ovu tjesteninu mogu se koristiti svi umaci od rajčice, no ako volite bogatije jelo, možete je zamijeniti mesnim.

1 receptTjestenina od svježih jaja, izrezati na kvadrate od 4 inča za kanelone

> 1 recept (oko 3 šalice)<u>svježi umak od rajčice</u>ili<u>Toskanski umak od rajčice</u>

Slano

1 funta svježe mozzarelle

1 posuda (16 unci) cijele ili djelomično obrane ricotte

1/2 šalice nasjeckanog uvezenog talijanskog pršuta (oko 2 unce)

1 veliko jaje, istučeno

3/4 šalice svježe naribanog parmigiano-reggiana

Svježe mljeveni crni papar

1. Pripremite tjesteninu i umak. Na ravnu površinu stavite kuhinjske krpe koje ne ostavljaju dlačice. Pripremite veliku zdjelu hladne vode. Zakuhajte oko 4 litre vode. Posoliti po ukusu. Dodajte nekoliko po nekoliko kvadratića tjestenine. Kuhajte tjesteninu dok ne omekša, ali malo raskuha. Izvadite tjesteninu iz vode i stavite je u hladnu vodu. Kada se tjestenina dovoljno ohladi da možete s njom rukovati, listove tjestenine ravno položite na ručnike, koji se mogu slagati jedan na drugi. Nastavite kuhati i na isti način ohladiti preostalu tjesteninu.

2. U velikoj zdjeli pomiješajte mozzarellu, ricottu, pršut, jaje i 1/2 šalice parmigiana. Dobro izmiješajte i dodajte soli i papra po ukusu.

3. Žlicom stavite tanki sloj umaka na dno velike posude za pečenje. Nanesite oko 2 žlice nadjeva na jedan kraj svakog kvadrata

tjestenine. Smotajte tjesteninu, počevši od napunjenog kraja, i stavite rolice, šavom prema dolje, u pripremljenu posudu.

4. Žlicom prelijte tanki sloj umaka preko tjestenine. Pospite preostalim parmigianom.

5. Postavite rešetku u sredinu pećnice. Zagrijte pećnicu na 375 ° F. Pecite 30 minuta ili dok umak ne počne mjehurićima i dok se sirevi ne otope. Poslužite vruće.

Cannelloni od teletine i špinata

Vitello i Spinaci cannelloni

Za 8 porcija

Cannelloni uvijek djeluju tako elegantno, a ipak su jedna od najlakših punjenih tjestenina za napraviti kod kuće. Ova klasična pijemonteška verzija obično se radi od ostataka pečene ili pirjane teletine. Ovo je moja verzija recepta Giorgia Rocce, vlasnika Il Giardino da Felicin, udobne gostionice i restorana u Monforte d'Alba.

3 do 4 šalice<u>bešamel</u>

1 funta svježeg špinata

2 žlice neslanog maslaca

2 funte teletine bez kostiju, izrezane na komade od 2 inča

2 srednje mrkve, nasjeckane

1 meki celer, sitno nasjeckan

1 srednja glavica luka, nasjeckana

1 češanj češnjaka, samljeven

Sol i svježe mljeveni crni papar

Prstohvat svježe mljevenog muškatnog oraščića

1 1/2 šalice svježe ribanog Parmigiano-Reggiano

1 1/2 lbs Tjestenina od svježih jaja, izrezati na kvadrate od 4 inča za kanelone

1. Pripremite bešamel umak.

2. Stavite špinat u veliki lonac na srednju vatru s 1/4 šalice vode. Poklopite i kuhajte 2 do 3 minute ili dok ne uvenu i ne omekšaju. Ocijedite i ostavite da se ohladi. Zamotajte špinat u krpu koja ne ostavlja dlačice i iscijedite što više vode. Špinat sitno nasjeckajte.

3. Otopite maslac u velikoj tavi na srednjoj vatri. Dodajte teletinu, mrkvu, celer, luk i češnjak. Začinite solju i paprom te prstohvatom muškatnog oraščića. Poklopite i kuhajte uz povremeno miješanje dok meso ne omekša, oko 1 sat. Ako se meso osuši, dodajte malo vode. Neka se ohladi. Smjesu sitno usitnite na dasci za rezanje velikim nožem ili u multipraktiku. Ostružite meso i špinat u zdjelu i dodajte 1 šalicu bešamela i 1 šalicu parmigiana. Dobro izmiješajte i začinite po ukusu.

4. U međuvremenu pripremite tjesteninu. Na ravnu površinu stavite kuhinjske krpe koje ne ostavljaju dlačice. Pripremite veliku zdjelu hladne vode. Zakuhajte oko 4 litre vode. Dodajte 2 žlice soli. Dodajte nekoliko po nekoliko kvadratića tjestenine. Kuhajte tjesteninu dok ne omekša, ali malo raskuha. Izvadite tjesteninu iz vode i stavite je u hladnu vodu. Kada se tjestenina dovoljno ohladi da možete s njom rukovati, listove tjestenine ravno položite na ručnike, koji se mogu slagati jedan na drugi. Nastavite kuhati i na isti način ohladiti preostalu tjesteninu.

5. Polovicu preostalog bešamela žlicom rasporedite u tanki sloj u veliku tepsiju. Nanesite oko dvije žlice nadjeva na jedan kraj svakog kvadrata tjestenine i zarolajte, počevši od napunjenog kraja. Stavite roladu tjestenine, šavovima prema dolje, u pripremljenu posudu. Ponovite s preostalom tjesteninom i nadjevom, slažući rolnice blizu jedne u tepsiju. Prelijte žlicom preostali umak na vrh i pospite preostalom 1/2 šalice parmigiana. (Može se napraviti do 24 sata unaprijed. Pokrijte plastičnom folijom i ohladite. Izvadite iz hladnjaka oko 1 sat prije pečenja.)

6. Postavite rešetku u sredinu pećnice. Zagrijte pećnicu na 375 ° F. Pecite 30 minuta ili dok se kaneloni ne zagriju i postanu lagano zlatni. Poslužite vruće.

Zeleni i bijeli kaneloni

Cannelloni alla Parmigiana

Za 8 porcija

Ako posjećujete regiju Emilia-Romagna, svakako svratite u Parmu. Rodno mjesto velikog dirigenta Artura Toscaninija, ovaj elegantni gradić poznat je po profinjenoj kuhinji. Mnoge gradske zgrade obojene su u sunčano žutu boju poznatu kao parmsko zlato. Parma ima mnogo dobrih restorana u kojima možete kušati izvrsnu ručno valjanu tjesteninu, odležani Parmigiano-Reggiano i najbolji balzamični ocat. Jela sam ove kanelone u Angiol d'Or, klasičnom restoranu u Parmi.

1 funta Tjestenina od svježeg špinata, izrezati na kvadrate od 4 inča za kanelone

    2 šalice <u>bešamel</u>

8 unci svježeg špinata, orezanog

Slano

1 funta cijele ili djelomično obrane ricotte

2 velika jaja, lagano tučena

1 1/2 šalice svježe ribanog Parmigiano-Reggiano

1/4 žličice svježe naribanog muškatnog oraščića

Svježe mljeveni crni papar

4 unce Fontina Valle d'Aosta, krupno naribane

1. Pripremite tjesteninu i bešamel. Stavite špinat u veliki lonac na srednju vatru s 1/4 šalice vode. Poklopite i kuhajte 2 do 3 minute ili dok ne uvenu i ne omekšaju. Ocijedite i ostavite da se ohladi. Zamotajte špinat u krpu koja ne ostavlja dlačice i iscijedite što više vode. Špinat sitno nasjeckajte.

2. Na ravnu površinu stavite kuhinjske krpe koje ne ostavljaju dlačice. Pripremite veliku zdjelu hladne vode. Zakuhajte oko 4 litre vode. Dodajte 2 žlice soli. Dodajte nekoliko po nekoliko kvadratića tjestenine. Kuhajte tjesteninu dok ne omekša, ali malo raskuha. Izvadite tjesteninu iz vode i stavite je u hladnu vodu. Kada se tjestenina dovoljno ohladi da možete s njom rukovati, listove tjestenine ravno položite na ručnike, koji se mogu slagati jedan na drugi. Nastavite kuhati i na isti način ohladiti preostalu tjesteninu.

3. Pomiješajte špinat, ricottu, jaja, 1/2 šalice parmigiana, muškatni oraščić te sol i papar po ukusu. Umiješajte fontinu.

4. Postavite rešetku u sredinu pećnice. Zagrijte pećnicu na 375 ° F. Premažite maslacem posudu za pečenje 13×9×2 inča.

5. Nanesite oko 1/4 šalice nadjeva na jedan kraj svakog kvadrata tjestenine. Smotajte tjesteninu, počevši od napunjenog kraja. Stavite kanelone sa šavom prema dolje u tavu.

6. Umak rasporedite po tjestenini. Pospite preostalom 1 šalicom parmigiana. Pecite 20 minuta ili dok lagano ne porumene.

Cannelloni s estragonom i pecorinom

Ricotta al Dragoncello cannelloni

Čini 6 porcija

Estragon, sa svojim blagim okusom sladića, nije u širokoj upotrebi u Italiji, osim povremeno u Umbriji i Toskani. Svježi estragon je bitan za ovaj recept, jer bi osušeni estragon bio previše agresivan. Ako ne možete pronaći svježi estragon, zamijenite ga svježim bosiljkom ili peršinom.

Ovi kaneloni u umbrijskom stilu prave se od ovčjeg sira, kao što je Pecorino Romano, ali se može zamijeniti Parmigiano-Reggiano. Unatoč siru, orašastim plodovima i tjestenini, ovi cannelloni djeluju lagano kao zrak.

1/2 recepta (oko 8 unci)Tjestenina od svježih jaja, izrezati na kvadrate od 4 inča za kanelone

Slano

1 funta cijele ili djelomično obrane ricotte

1/2 šalice svježe mljevenog pecorina romana ili zamjene za parmigiano-reggiano

1 jaje, tučeno

1 žlica nasjeckanog svježeg estragona ili bosiljka

1/4 žličice mljevenog muškatnog oraščića

2 žlice neslanog maslaca

1/4 šalice ekstra djevičanskog maslinovog ulja

1/4 šalice pinjola

1 žlica estragona ili bosiljka

Svježe mljeveni crni papar

2 žlice svježe naribanog pecorina romana

1. Pripremite tjesteninu. Zakuhajte najmanje 4 litre vode. Dodajte pola tjestenine i posolite po ukusu. Lagano promiješajte. Kuhajte na jakoj vatri, često miješajući, dok tjestenina ne omekša, ali se malo skuha. Za uklanjanje paste koristite šupljikavu žlicu. Premjestite tjesteninu u zdjelu s hladnom vodom. Na isti način skuhati ostatak tjestenine.

2. U velikoj zdjeli pomiješajte sireve, jaje, estragon i muškatni oraščić.

3. Postavite rešetku u sredinu pećnice. Zagrijte pećnicu na 350 ° F. Maslacem premažite veliku posudu za pečenje.

4. Ocijedite nekoliko kvadrata tjestenine na ručnicima koji ne ostavljaju dlačice. Rasporedite oko 2 žlice nadjeva u liniji na jedan kraj svakog kvadrata tjestenine. Smotajte tjesteninu, počevši od napunjenog kraja, i stavite je u posudu sa šavom prema dolje. Ponovite s preostalom tjesteninom i nadjevom.

5. U malom loncu na srednje jakoj vatri otopite maslac s maslinovim uljem. Umiješajte pinjole, estragon i papar. Žlicom prelijte umak preko kanelona. Pospite sirom.

6. Pecite kanelone 20 do 25 minuta ili dok umak ne zakipi. Ostavite da odstoji 5 minuta prije posluživanja.

Ravioli od sira s umakom od svježih rajčica

Ravioli alla Ricotta

Za 8 porcija

Kulinarske radnje prodaju sve vrste opreme za izradu raviola. Imam metalni pladanj koji utiskuje listove tjestenine s nizom trbušina za držanje nadjeva, zatim se okreće kako bi zatvorio i izrezao savršene raviole u dvije veličine. Imam lijepe mjedene i drvene štambilje koje sam kupio u Parmi za rezanje kvadrata i krugova. Zatim tu je pametni drveni valjak za tijesto koji izrezuje raviole kada se pritisne snagom Herculesa i rezač za raviole koji sam dobio uz moju mašinu za tjesteninu s ručnim pogonom. Iako sam ih sve isprobala, nikad ih ne koristim. Raviole je najlakše napraviti ručno s minimalnom opremom. Kotačić od lisnatog tijesta s valovitim rubovima daje im lijepu oštricu, ali ih možete rezati i oštrim nožem ili kotačićem za pizzu.

Ovo je osnovni recept za raviole punjene sirom jer se prave u mnogim regijama Italije.

1 funta cijele ili djelomično obrane ricotte

4 unce svježe mozzarelle, grubo naribane ili vrlo sitno nasjeckane

1 veliko jaje, istučeno

1 šalica svježe ribanog Parmigiano-Reggiano ili Pecorino Romano

2 žlice nasjeckanog svježeg peršina

Sol i svježe mljeveni crni papar po ukusu

4 šalice svježi umak od rajčice

1 funta Tjestenina od svježih jaja, razvaljajte i izrežite na trake od 4 inča

1. Pomiješajte ricottu, mozzarellu, jaje, 1/2 šalice parmigiana, peršin te sol i papar po ukusu. Pokrijte i ohladite.

2. Pripremite umak i tjesteninu. Pobrašnite 2-3 velika pleha za pečenje. Pripremite malu zdjelicu napunjenu hladnom vodom.

3. Stavite traku tijesta na lagano pobrašnjenu površinu. Presavijte ga na pola po dužini kako biste označili središte, a zatim ga rastavite. Počevši otprilike jedan inč od jednog od kraćih krajeva, stavite pune žličice nadjeva na razmak od jednog inča u ravnom redu duž jedne strane pregiba. Nadjev lagano premažite hladnom vodom. Preklopiti tijesto preko strane s nadjevom. Istisnite sve mjehuriće zraka i zalijepite rubove. Upotrijebite rebrasti kotačić za tijesto ili oštar nož za rezanje između hrpa

nadjeva prekrivenih tijestom. Odvojite raviole i čvrsto pritisnite rubove stražnjom stranom vilice da se začepe. Posložite raviole u jednom sloju na lim za pečenje.

4. Ponovite s preostalim tijestom i nadjevom. Pokrijte ručnikom i stavite u hladnjak dok ne budete spremni za kuhanje, ili do 3 sata, okrećući komade nekoliko puta da se ne zalijepe za posudu. (Kako biste ih duže zadržali, zamrznite raviole na limovima za pečenje dok ne postanu čvrsti. Stavite u čvrstu plastičnu vrećicu i čvrsto zatvorite. Čuvajte u zamrzivaču do mjesec dana. Nemojte odmrzavati prije kuhanja.)

5. Neposredno prije posluživanja u velikom loncu zakuhajte oko 4 litre vode. U međuvremenu zagrijte umak u srednje jakoj tavi na laganoj vatri. Dio umaka ulijte u zagrijanu zdjelu za posluživanje.

6. Smanjite vatru ispod posude za tjesteninu na nisku, tako da voda lagano kuha. Dodajte raviole i kuhajte dok ne pokuhaju, 2 do 5 minuta, ovisno o debljini raviola i jesu li bili zamrznuti ili ne. Raviole izvadite iz posude šupljikavom žlicom. Dobro ocijediti.

7. Stavite raviole u zdjelu za posluživanje. Prelijte ga preostalim umakom. Pospite s preostalom 1/2 šalice sira i odmah poslužite.

Ravioli od špinata i sira na parmanski način

Tortelli alla Parmigiana

Za 8 porcija

Dok su ravioli punjeni ricottom vjerojatno najpopularniji u Italiji, slična verzija s kuhanim povrćem također je omiljena. Od povrća se najčešće koristi špinat ili blitva, ali ovisno o regiji koriste se i escarole, maslačak, cikla i boražina.

U ovom receptu iz Parme dio ricotte zamijenjen je mascarponeom, a blitva je tipična zelena. Nekada je bilo tradicionalno posluživati ih za Ivanjsko, 21. lipnja. Imajte na umu da Parmigiani ove zovu tortelli.

1 funta svježeg špinata ili blitve bez peteljki

Slano

1 šalica cijele ili djelomično obrane ricotte

1 šalica mascarponea (ili dodatna šalica ricotte)

1 veliko jaje, istučeno

1 šalica svježe ribanog Parmigiano-Reggiano

Prstohvat svježe mljevenog muškatnog oraščića

Svježe mljeveni crni papar

1 receptTjestenina od svježih jaja, razvaljajte i izrežite na trake od 4 inča

8 žlica (1 štapić) neslanog maslaca

1. Stavite zelje u veliki lonac s 1/2 šalice vode i soli po ukusu. Poklopite i kuhajte na srednjoj vatri dok povrće ne uvene i ne omekša, oko 5 minuta. Ocijedite i ostavite da se ohladi. Zamotajte zelje u kuhinjsku krpu koja ne ostavlja dlačice ili komad gaze i iscijedite ga rukama da iscuri sav sok. Zelje sitno nasjeckajte.

2. U velikoj zdjeli pomiješajte nasjeckano povrće, ricottu, mascarpone ako koristite, jaje, 1/2 šalice ribanog sira, muškatni oraščić te sol i papar po ukusu.

3. Pripremite tjesteninu. Pripremite i skuhajte raviole kako je opisano u receptu<u>Ravioli sa sirom</u>, koraci od 2 do 6.

4. Dok se ravioli kuhaju, otopite maslac na srednjoj vatri. Polovicu maslaca ulijte u zdjelu za posluživanje. Dodajte raviole i preostali otopljeni maslac.

5.Pospite preostalom 1/2 šalice parmigiana i odmah poslužite.

Ravioli od zimske tikve s maslacem i bademima

Tortelli di Zucca al Burro i Mandorle

Za 8 porcija

U jesen i zimu, kada na tržištu ima mnogo zimskih tikvica, kuhari u Lombardiji i Emiliji-Romagni rade ove blago slatke raviole s naglašenim okusom badema amaretti keksa. Recept je vrlo star, vjerojatno još iz renesanse, kada su se slatka jela često pojavljivala na plemićkim stolovima za vrijeme objeda kao znak bogatstva.

Neki recepti zahtijevaju dodavanje žlice ocijeđene, sitno nasjeckane mostarde - voća konzerviranog u ljutom sirupu od senfa - u smjesu od bundeve. Prženi bademi dodaju finu hrskavost preljevu.

Oko 2 funte butternut ili Hubbard tikve

1 1/4 šalice svježe ribanog Parmigiano-Reggiano

1/4 šalice sitno mljevenog amaretti keksa

1 veliko jaje

1/4 žličice mljevenog muškatnog oraščića

Posolite po ukusu

1 funta Tjestenina od svježih jaja, razvaljajte i izrežite na trake od 4 inča

1 štapić (4 unce) neslanog maslaca

2 žlice nasjeckanih prženih badema

1. Postavite rešetku u sredinu pećnice. Zagrijte pećnicu na 400 ° F. Namastite malu posudu za pečenje. Prerežite bundevu na pola i izdubite sjemenke i vlakna. Polovice stavite prerezanom stranom prema dolje u pleh. Pecite 1 sat ili dok ne omekša kada ga probodete nožem. Neka se ohladi.

2. Ostružite pulpu s kože. Provucite meso kroz procesor hrane s finom oštricom ili ga napravite u pireu u procesoru hrane ili blenderu. Umiješajte 3/4 šalice sira, amaretti, jaje, muškatni oraščić i sol. Okus za bilje.

3. Pripremite tjesteninu. Pripremite i skuhajte raviole kako je opisano u receptu Ravioli sa sirom, koraci od 2 do 6.

4. Dok se ravioli kuhaju, otopite maslac na srednjoj vatri. Polovicu maslaca ulijte u toplu zdjelu za posluživanje. Dodajte raviole i preostali otopljeni maslac. Pospite ih bademima. Pospite s preostalom 1/2 šalice sira. Poslužite odmah.

Mesni ravioli s umakom od rajčice

Agnolotti u Salsa di Pomodoro

Za 8 do 10 porcija

Talijanski kuhari rijetko počinju od nule kada prave mesni nadjev za svježu tjesteninu. Obično se ostaci od variva ili pečenja sitno nasjeckaju i nakvase mesnim sokom. Za proširenje nadjeva može se dodati sir, kuhano povrće ili krušne mrvice, a smjesa se poveže umućenim jajima. Budući da kod kuće nemam uvijek ostataka za nadjev za raviole, ovo lagano varivo napravim kao nadjev za raviole.

3 šalice<u>Toskanski umak od rajčice</u>

2 žlice neslanog maslaca

1 funta mljevene teletine ili junetine

1 pileća prsa bez kostiju, izrezana na komade od 1 inča

1 srednja glavica luka, nasjeckana

1 srednja mrkva, nasjeckana

1 manji celer, sitno nasjeckan

1 češanj češnjaka, samljeven

Sol i svježe mljeveni crni papar

1/2 šalice suhog bijelog vina

1 šalica Parmigiano-Reggiano ili Pecorino Romano

2 velika žumanjka

1 funta<u>Tjestenina od svježih jaja</u>, razvaljajte i izrežite na trake od 4 inča

1. Pripremite umak. Zatim otopite maslac u velikoj tavi na srednjoj vatri. Dodajte meso i piletinu i kuhajte dok meso ne izgubi ružičastu boju, usitnjavajući žlicom nasjeckane komade.

2. Dodajte luk, mrkvu, celer i češnjak. Kuhajte 10 minuta uz često miješanje ili dok povrće ne omekša. Posolite i popaprite.

3. Dodajte vino i pirjajte 1 minutu. Pokrijte tavu i smanjite vatru. Kuhajte 1 1/2 sata ili dok meso ne omekša. Dodajte malo vode u posudu ako smjesa postane presuha. Maknite s vatre i ostavite da se ohladi.

4. Ostružite mesnu smjesu u procesor hrane ili mlin za hranu. Meso nasjeckati ili samljeti dok ne bude fino mljeveno, ali ne ljepljivo. Mesnu smjesu prebacite u zdjelu.

5. Mesnoj smjesi dodajte 1/2 šalice naribanog sira i dobro promiješajte. Okus za bilje. Umiješajte žumanjke.

6. Pripremite tjesteninu. Pripremite i skuhajte raviole kako je opisano u receptu <u>Ravioli sa sirom</u>, koraci 2 do 6. Poslužite vruće s umakom i pospite preostalom 1/2 šalice sira.

Ravioli s toskanskim kobasicama

Tortelli Casentinese

Za 8 porcija

Tortellije drugi naziv za raviole koji se obično koriste u Toskani i Emiliji-Romagni. Ova tortelija, punjena svinjskom kobasicom, napravljena je u stilu regije Casentino u Toskani, regije poznate i po prekrasnim proizvodima od vune.

3 šalice <u>Toskanski umak od rajčice</u>

1 režanj češnjaka, vrlo sitno nasjeckan

2 žlice maslinovog ulja

1 funta obične talijanske svinjske kobasice, oguljene

2 velika jaja

2 žlice paste od rajčice

1 šalica svježe naribanog pecorina romana

1/4 šalice običnih suhih krušnih mrvica

2 žlice nasjeckanog svježeg peršina

Prstohvat svježe naribanog muškatnog oraščića

Sol i svježe mljeveni crni papar

1 funta<u>Tjestenina od svježih jaja</u>, razvaljajte i izrežite na trake od 4 inča

1. Pripremite umak. Zatim, u velikoj tavi, pirjajte češnjak na ulju na srednjoj vatri 1 minutu. Dodajte meso kobasice i kuhajte uz često miješanje dok se meso ne skuha. Meso kobasice stavite na dasku za rezanje i sitno nasjeckajte.

2. U velikoj zdjeli tucite jaja dok se ne sjedine. Istucite pire od rajčice. Umiješajte meso kobasice, 1/2 šalice sira, krušne mrvice, muškatni oraščić te sol i papar po ukusu.

3. Pripremite tjesteninu. Pripremite i skuhajte raviole kako je opisano u receptu<u>Ravioli sa sirom</u>, koraci od 2 do 6. Žlicom prelijte umak i odmah poslužite s preostalom 1/2 šalice nasjeckanog sira.

Začinjeni ravioli, Marches stil

Ravioli Marchegiana

Za 8 porcija

Kuhari regije Marche na jadranskoj obali poznati su po vještoj upotrebi začina u slanim jelima. Ovi ravioli, na primjer, napravljeni s raznim povrćem i sirom, aromatizirani su koricom limuna, cimetom i muškatnim oraščićem. Poslužite ih uz<u>Marches-Style Ragu</u>ili jednostavan<u>Umak od maslaca i kadulje</u>.

Oko 4 šalice**Marches-Style Ragu**

12 unci raznog povrća poput špinata, blitve, cikorije ili maslačka

1 šalica cijele ili djelomično obrane ricotte

1 veliko jaje, istučeno

1 šalica ribanog Parmigiano-Reggiano

1 žličica ribane korice limuna

Prstohvat naribanog muškatnog oraščića

Prstohvat mljevenog cimeta

Sol i svježe mljeveni crni papar

1 funta Tjestenina od svježih jaja, razvaljajte i izrežite na trake od 4 inča

1. Pripremite ragù. Zatim stavite špinat u veliki lonac na srednju vatru s 1/4 šalice vode. Poklopite i kuhajte 2 do 3 minute ili dok ne uvenu i ne omekšaju. Ocijedite i ostavite da se ohladi. Zamotajte špinat u krpu koja ne ostavlja dlačice i iscijedite što više vode. Špinat sitno nasjeckajte.

2. U velikoj zdjeli pomiješajte ricottu, jaje, 1/2 šalice sira, koricu limuna, muškatni oraščić, cimet te sol i papar po ukusu.

3. Pripremite tjesteninu. Pripremite i skuhajte raviole kako je opisano u receptu Ravioli sa sirom, koraci 2 do 6. Premjestite raviole u zdjelu za posluživanje. Prelijte umakom i odmah poslužite s preostalom 1/2 šalice sira.

Ravioli s gljivama u umaku od maslaca i kadulje

Agnolotti ai Funghi

Za 8 porcija

Kombinacija gljiva i mažurana tipična je za Liguriju, odakle i potječe ovaj recept. Bijele gljive su dobre kao nadjev za ove raviole, ali za poseban okus u nadjev dodajte malo šumskih gljiva.

3 žlice neslanog maslaca

1 žlica maslinovog ulja

1 funta svježih gljiva, tanko narezanih

1 žličica svježeg mažurana ili majčine dušice ili prstohvat osušenog

Sol i svježe mljeveni crni papar

1/2 šalice cijele ili djelomično obrane ricotte

1 šalica svježe ribanog Parmigiano-Reggiano

1 žumanjak

1 funta[Tjestenina od svježih jaja](), razvaljajte i izrežite na trake od 4 inča

1/2 šalice <u>Umak od maslaca i kadulje</u>

1. U velikoj tavi otopite maslac s uljem na srednjoj vatri. Dodajte gljive, mažuran te sol i papar po ukusu. Kuhajte uz povremeno miješanje dok gljive ne omekšaju i dok sok ne ispari. Neka se ohladi.

2. Šampinjone naribati u sjeckalicu i sitno nasjeckati. Dodajte ricottu i 1/2 šalice parmigiana i kušajte po ukusu. Umiješajte žumanjak.

3. Pripremite tjesteninu. Pripremite i skuhajte raviole kako je opisano u receptu <u>Ravioli sa sirom</u>, koraci od 2 do 6.

4. U međuvremenu napravite umak. Polovicu umaka ulijte u toplu zdjelu za posluživanje. Dodajte kuhane raviole. Prelijte žlicom preostali umak i pospite preostalom 1/2 šalice parmigiano-reggiana. Poslužite odmah.

Divovski ravioli s maslacem od tartufa

Ravioloni al Tuorlo d'Uovo

Za 4 porcije

Jedan od ovih iznimno velikih i bogatih raviola dovoljan je za početak. Prvi put sam ih jeo prije mnogo godina u restoranu San Domenico u Imoli, koji je osnovao divni kuhar Nino Bergese, poznat po svom kreativnom pristupu klasičnoj talijanskoj kuhinji.

Ovo je vrlo neobičan recept. Svježa tjestenina od jaja puni se kolutićem ricotta sira nanizanog oko žumanjka. Kad se raviolo nareže, malo kuhani žumanjak iscuri i pomiješa se s umakom od maslaca. U San Domenicu, ravioloni su bili preliveni tanko narezanim svježim bijelim tartufima. Toplina tjestenine i umaka dovela je do izražaja njihov okus i miris. Učinak je bio izvanredan i uvijek ću ga pamtiti kao jednu od najukusnijih stvari koje sam jeo.

Iako se mogu činiti pomalo lukavima, ove raviole doista je vrlo jednostavno napraviti i vrlo impresivno poslužiti. Za najbolje rezultate sastavite raviole neposredno prije kuhanja. Tartuf možete zamijeniti svježe naribanim Parmigiano-Reggiano pahuljicama. Većina ulja od tartufa ima umjetnu aromu pa ih izbjegavam.

1 funta<u>Tjestenina od svježih jaja</u>, razvaljajte i izrežite na četiri trake veličine 8×4 inča

1 šalica cijele ili djelomično obrane ricotte

2 žlice svježe naribanog parmigiano-reggiana

Prstohvat mljevenog muškatnog oraščića

Sol i svježe mljeveni crni papar

4 velika jaja

1/2 šalice neslanog maslaca, otopljenog

Svježi bijeli ili crni tartuf ili veliki komad Parmigiano-Reggiano

1. Pripremite tjesteninu. Zatim umiješajte ricottu i naribani sir, muškatni oraščić te sol i papar po ukusu. Sastružite punjenje u vrećicu za cijevi s vrhom od 1/2 inča ili u čvrstu plastičnu vrećicu, odrežući jedan kut da napravite otvor od 1/2 inča.

2. Preostalu tjesteninu pokrijte i stavite traku na pult. Presavijte traku na pola poprečno, a zatim je rastavite da presavijete središte. Ostavljajući obrub od 1 inča uokolo, izvucite krug smjese sira na tjesteninu s jedne strane pregiba. Odvojite jaje, a bjelanjak ostavite sa strane za drugu upotrebu. Nježno ubacite

žumanjak u sredinu kruga. Lagano premažite sir hladnom vodom. Preko nadjeva preklopiti drugu polovicu tjestenine. Pritisnite vilicom rubove tjestenine da se zapeku. Ponovite s preostalom tjesteninom i nadjevom.

3. Zakuhajte najmanje 2 litre vode. Smanjite vatru dok voda ne zavrije. Posoliti po ukusu. Raviole pažljivo stavite u vodu i kuhajte dok se tjestenina ne skuha, oko 3 minute.

4. Žlicom dodajte malo maslaca u svaku od 4 tople zdjelice za posluživanje. Raviole izvadite jedan po jedan šupljikavom žlicom. Stavite raviolo u svaku ramekin i prelijte ostatkom maslaca. Gulilicom s rotirajućom oštricom narežite tanke kriške tartufa, ako ih koristite, ili listiće parmigiana na vrh. Poslužite odmah.

Ravioli od cikle s makom

Casunziei di Barbabietole Rosse

Za 8 porcija

U Venetu je tradicija posluživanje ovih prekrasnih raviola za Božić. Sviđa mi se način na koji se nadjev od cikle stapa kroz tjesteninu poput nježnog rumenila. Ovi ravioli tipični su za Cortinu d'Ampezzo, svjetski poznato skijalište u sjevernom alpskom dijelu regije. Zrnca maka u umaku odražavaju utjecaj obližnje Austrije. Sjemenke maka brzo gube svježinu na toploj sobnoj temperaturi, pa ih pomirišite kako biste bili sigurni da nisu užegle. Čuvajte mak u dobro zatvorenoj staklenci u hladnjaku ili zamrzivaču.

4 srednje velike cikle, očišćene i oprane

1/2 šalice cijele ili djelomično obrane ricotte

1 šalica svježe ribanog Parmigiano-Reggiano

2 žlice običnih suhih krušnih mrvica

Sol i svježe mljeveni crni papar

1 funta<u>Tjestenina od svježih jaja</u>, razvaljajte i izrežite na trake od 4 inča

8 žlica (1 štapić) neslanog maslaca

1 žlica maka

1. Stavite ciklu u srednju posudu s hladnom vodom da prekrije. Pustite da zakipi i kuhajte dok ne omekša kada ga probodete nožem, oko 30 minuta. Ocijedite i ostavite da se ohladi.

2. Ciklu oguliti i narezati na kockice. Stavite ih u multipraktik i sitno nasjeckajte. Dodajte ricottu, 1/2 šalice Parmigiano-Reggiano, krušne mrvice te sol i papar po ukusu. Obradite dok se ne izmiješa, ali još uvijek malo grubo.

3. Pripremite tjesteninu. Pripremite i skuhajte raviole kako je opisano u receptu Ravioli sa sirom, Koraci 2 do 6.

4. Za to vrijeme otopite maslac s makom i prstohvatom soli. Polovicu maslaca ulijte u toplu zdjelu za posluživanje. Raviole prebacite u zdjelu. Žlicom prelijte preostali umak preko raviola i pospite preostalom 1/2 šalice Parmigiano-Reggiano. Poslužite odmah.

Kolutovi tjestenine punjeni mesom u umaku od vrhnja

Tortellini alla Panna

Za 8 porcija

Prema romantičnoj legendi, ove vrećice tjestenine u obliku prstena izumio je kuhar koji je ugledao božicu Veneru u njezinoj kupki. Inspiriran njezinom ljepotom, kreirao je pastu u obliku njezina pupka. Druge verzije priče govore da je ljepotica bila Caterina di Medici. Bez obzira na inspiraciju, izvrsni su za kupanje u bogatom mesnom ili pilećem temeljcu ili jednostavnom umaku od vrhnja ili maslaca. Sve više od toga bilo bi pretjerivanje.

4 žlice neslanog maslaca

4 unce svinjskog lungića bez kostiju, izrezanog na kockice od 1 inča

4 unce uvoznog talijanskog pršuta

4 unce mortadele

1 1/2 šalice svježe ribanog Parmigiano-Reggiano

1 veliko jaje

1/4 žličice svježe mljevenog muškatnog oraščića

1 funta<u>Tjestenina od svježih jaja</u>, razvaljajte i izrežite na trake od 4 inča

1½ šalice gustog ili gustog vrhnja

Slano

1. Otopite 2 žlice maslaca u maloj tavi na srednjoj vatri. Dodajte svinjetinu i kuhajte, povremeno miješajući, dok ne bude kuhana, oko 20 minuta. Neka se ohladi.

2. U sjeckalici ili stroju za mljevenje mesa samljeti svinjetinu, pršut i mortadelu na vrlo fino. Premjestite meso u zdjelu. Umiješajte 1 šalicu Parmigiano-Reggiano, jaje i muškatni oraščić.

3. Obložite 2 ili 3 velika lima za pečenje ručnicima koji ne ostavljaju dlačice. Pobrašnite ručnike.

4. Pripremite tjesteninu. Radite s komadom po komadom, ostatak neka bude pokriven.

5. Izrežite tjesteninu na kvadrate od 2 inča. Na svaki kvadrat staviti oko 1/2 žličice nadjeva. Preklopiti tijesto preko nadjeva u trokut. Čvrsto pritisnite rubove da se spoje. Radite brzo da se tijesto ne osuši.

6. Spojite dvije suprotne točke trokuta kako biste formirali krug. Stisnite krajeve kako biste ih zatvorili. Formirani tortellino stavite na lim za pečenje dok na isti način pripremite ostatak tijesta i nadjev.

7. Ostavite torteline u hladnjaku nekoliko sati ili preko noći, povremeno ih okrećući. (Ako ih želite zadržati dulje, zamrznite ih na limu za pečenje 1 sat ili dok ne postanu čvrsti, zatim ih premjestite u čvrste plastične vrećice i stavite u hladnjak do mjesec dana. Nemojte odmrzavati prije kuhanja.)

8. Za umak rastopite preostale 2 žlice maslaca s vrhnjem i prstohvatom soli u tavi dovoljno velikoj da stane sva tjestenina. Pustite da zavrije i kuhajte 1 minutu ili dok se malo ne zgusne.

9. Zakuhajte najmanje 4 litre vode u velikom loncu. Dodajte torteline i posolite po ukusu. Povremeno promiješajte dok voda ponovno ne zavrije. Smanjite vatru tako da voda lagano ključa. Kuhajte 3 minute ili dok se malo ne skuha. Dobro ocijediti.

10. Torteline ulijte u tavu s vrhnjem i lagano promiješajte. Dodajte preostalu 1/2 šalice Parmigiano-Reggiano i ponovno promiješajte. Poslužite odmah.

Tortelli od krumpira s Raguom od kobasica

Tortelli di Patate al Ragù di Salsiccia

Za 6 do 8 porcija

Pire krumpir s okusom Parmigiano-Reggiano puni kolutove svježe tjestenine u južnoj Emilia-Romagni i sjevernoj Toskani. Umjesto kvadrata, kao u<u>Kolutovi tjestenine punjeni mesom u umaku od vrhnja</u>receptu, počinju kao krugovi tijesta, a zatim se oblikuju u kolutove. Poslužite ih s bogatim<u>Kobasica Ragù</u>, ili jednostavno uživajte s njim<u>Umak od maslaca i kadulje</u>.

4 1/2 šalice<u>Kobasica Ragù</u>

3 srednje kuhana krumpira

2 žlice neslanog maslaca, na sobnoj temperaturi

1 šalica svježe ribanog Parmigiano-Reggiano

1/8 žličice svježe naribanog muškatnog oraščića

Sol i svježe mljeveni crni papar

1 funta<u>Tjestenina od svježih jaja</u>, razvaljajte i izrežite na trake od 4 inča

1. Pripremite ragù. Zatim stavite cijele krumpire u lonac s hladnom vodom da pokriju. Pustite da prokuha i kuhajte dok krumpir ne omekša kada ga probodete nožem, oko 20 minuta. Ocijedite i ostavite da se ohladi.

2. Ogulite krumpir i zgnječite ga strojem za rižu ili kuhačom hrane dok ne postane glatko. Umiješajte maslac, 1/2 šalice sira, muškatni oraščić te sol i papar po ukusu.

3. Dva pleha za pečenje posuti brašnom.

4. Pripremite tjesteninu. Koristeći 2-inčni okrugli kalup za kekse ili kekse, ili malu čašu, izrežite tijesto u krugove. Na svaki krug s jedne strane stavite žličicu nadjeva. Umočite vrh prsta u hladnu vodu i navlažite krug tijesta do pola. Preklopiti tijesto preko nadjeva da se oblikuje polukrug. Čvrsto pritisnite rubove da se spoje. Skupite dva ugla tijesta i stisnite ih. Stavite tortele na pripremljeni lim za pečenje. Ponovite s preostalim tijestom i nadjevom.

5. Pokrijte i stavite u hladnjak, povremeno okrećući komade, do 3 sata. (Za dulje skladištenje, zamrznite tjesteninu na limovima za pečenje. Prebacite u čvrste plastične vrećice. Čvrsto zatvorite i zamrznite do mjesec dana. Nemojte odmrzavati prije kuhanja.)

6. Kada budete spremni kuhati tortele, prokuhajte najmanje 4 litre vode. Neka umak prokuha. Dodajte tjesteninu u kipuću vodu sa soli po ukusu. Dobro promiješati. Kuhajte na srednjoj vatri, često miješajući, dok tjestenina ne postane mekana, ali čvrsta.

7. Žlicom dodajte malo umaka u zagrijanu zdjelu za posluživanje. Tjesteninu dobro ocijedite i dodajte u zdjelu. Prelijte preostalim umakom i 1/2 šalice sira. Poslužite odmah.

Njoki od krumpira

Gnocchi di Patate con Ragù o al Sugo

Čini 6 porcija

Rimske trattorije često imaju dnevne specijalitete. Četvrtak im je obično dan za posluživanje njoka od krumpira, ali njoki se rade i za veliki nedjeljni ručak kod mame kada se okupi cijela obitelj.

Najvažnija stvar koju morate imati na umu kada radite njoke od krumpira je da s njima postupate nježno i da nikada ne pretjerate s krumpirom stavljajući ga u multipraktik ili mikser. Sadržaj vlage u krumpiru određuje koliko vam je brašna potrebno.

Ako se dvoumite jeste li dodali dovoljno brašna u tijesto, isprobajte ovaj trik koji mi je predložio jedan spretni kuhar. Napravite probni njok. Odvojite mali komad tijesta i kuhajte u maloj posudi s kipućom vodom dok ne ispliva na površinu, a zatim kuhajte još 30 sekundi. Izvadite ga iz vode i kušajte. Knedle bi trebale zadržati svoj oblik bez da budu kašaste ili žvakaće. Ako je premekano umijesiti još brašna. Ako je žilav, vjerojatno već ima previše brašna. Počnite ispočetka ili pokušajte još malo kuhati njoke.

    4 šalice<u>napuljski Ragù</u>ili<u>svježi umak od rajčice</u>

Ispecite 1 1/2 kilograma krumpira

Oko 2 šalice višenamjenskog brašna

1 veliki žumanjak, istučen

Slano

1. Pripremite ragù ili umak. Zatim stavite krumpire u veliki lonac s hladnom vodom da ih prekrije. Pokrijte posudu i pustite da zavrije. Kuhajte dok krumpir ne omekša kada ga probodete nožem, oko 20 minuta. Dva velika pleha pospite brašnom.

2. Krompir još topao ogulite i narežite na kockice. Zgnječite krumpir pomoću najmanjih otvora mlinca za rižu ili hranu ili ručno gnječilicom za krumpir. Dodajte žumanjak i 2 žličice soli. Umiješajte šalicu brašna dok se ne sjedini. Tijesto će biti kruto.

3. Ostružite krumpire na pobrašnjenu površinu. Kratko mijesiti i dodati brašna tek toliko da njoki zadrže oblik kad su kuhani, ali ne toliko da postanu teški. Tijesto treba biti malo ljepljivo.

4. Ostavite tijesto sa strane. Ostružite dasku kako biste uklonili sve ostatke tijesta. Operite i osušite ruke te ih pospite brašnom. Pripremite jednu ili dvije velike tepsije i pospite ih brašnom.

5. Izrežite tijesto na 8 dijelova. Držeći preostalo tijesto pokrivenim, razvaljajte jedan dio u dugački konop debljine oko 3/4 inča. Izrežite uže na komade duge 1/2 inča.

6. Da biste oblikovali tijesto, držite vilicu u jednoj ruci sa zupcima okrenutim prema dolje. Palcem druge ruke zarolajte svaki komad tijesta preko stražnje strane zubaca, lagano pritiskajući da napravite brazde s jedne strane i udubinu prsta s druge strane. Stavite njoke na pripremljene posude. Dijelovi se ne smiju dodirivati. Ponovite s preostalim tijestom.

7. Hladite njoke dok ne budu spremni za kuhanje. (Njoke se također mogu zamrznuti. Stavite limove za pečenje u zamrzivač na sat vremena ili dok se ne stvrdnu. Stavite njoke u veliku čvrstu plastičnu vrećicu. Zamrznite do mjesec dana. Nemojte odmrzavati prije kuhanja.)

8. Pripremite zagrijanu plitku posudu za posluživanje. U zdjelu ulijte tanak sloj ljutog umaka.

9. Za kuhanje njoka zakuhajte veliki lonac vode. Dodajte 2 žlice soli. Smanjite vatru tako da voda lagano ključa. Njoke spuštajte u vodu komad po komad. Kuhajte 30 sekundi nakon što njoki isplivaju na površinu. Njoke izvadite iz posude šupljikavom žlicom i dobro ocijedite. Premjestite na pladanj za posluživanje. Ponovite s preostalim njokima.

10. Njoke pomiješajte s umakom. Žlicom na preostali umak; pospite sirom. Poslužite vruće.

Njoki od krumpira s janjećim raguom

Njoki s Ragù di Agnello

Za 6 do 8 porcija

Ovaj recept dolazi iz regije Abruzzo u središnjoj Italiji. Umak se obično poslužuje uz tjesteninu alla chitarra - domaću tjesteninu od jaja rezanu posebnom spravom poznatom kao gitara, jer ima oblik okvira nanizanog nitima. Također dobro funkcionira u krepkom jelu s njokima.

1 funta<u>Njoki od krumpira</u>, kroz korak 7

2 žlice maslinovog ulja

1 srednja glavica luka, sitno nasjeckana

1 crvena paprika, očišćena od sjemenki i nasjeckana

Prstohvat crvene mljevene paprike

2 češnja češnjaka, sitno nasjeckana

1 funta nemasne mljevene janjetine

1 (28 do 35 unci) konzerva uvezenih talijanskih rajčica s njihovim sokom, nasjeckana

1 žlica paste od rajčice

1 list lovora

Posolite po ukusu

1/2 šalice svježe naribanog pecorina romana ili parmigiano-reggiana

1. Pripremite njoke. Zatim, u velikoj tavi, kuhajte maslinovo ulje, luk, papriku i crvenu papriku dok povrće ne omekša, oko 10 minuta. Dodajte češnjak i kuhajte još 1 minutu.

2. Umiješajte janjetinu i kuhajte 15 minuta, često miješajući da se razbiju grudice, dok više ne bude ružičasta. Umiješajte rajčice. Dodajte pire od rajčice, lovorov list i sol.

3. Zakuhajte umak i smanjite vatru na najnižu. Kuhajte, povremeno miješajući, dok se umak ne zgusne, oko 1 1/2 sata.

4. Zakuhajte najmanje 4 litre vode. Smanjite vatru tako da voda lagano ključa. Njoke spuštajte u vodu komad po komad. Kuhajte 30 sekundi nakon što njoki isplivaju na površinu.

5. U međuvremenu izvadite lovorov list iz umaka. Žlicom stavljajte tanki sloj u veliku zagrijanu zdjelu za posluživanje. Njoke izvadite iz posude šupljikavom žlicom i dobro ocijedite. Dodajte

ih u zdjelu. Ponovite s preostalim njokima. Pospite preostalim umakom i sirom. Poslužite vruće.

Gratinirani njoki od krumpira

Gratinirani njoki

Čini 6 porcija

U Pijemontu se njoki od krumpira prelivaju sirom i krušnim mrvicama i peku u ovalnoj posudi otpornoj na toplinu poznatoj kao gratin. Prilikom pečenja sirevi se tope, a mrvice postaju hrskave. Jelo se može sastaviti unaprijed i ispeći neposredno prije posluživanja.

1 recept<u>Njoki od krumpira</u>

2 žlice krušnih mrvica

Slano

6 unci Fontina Valle d'Aosta

4 žlice neslanog maslaca

Svježe mljeveni crni papar

1/4 šalice svježe naribanog parmigiano-reggiana

Prstohvat cimeta

1. Pripremite njoke. Zatim stavite rešetku u sredinu pećnice. Zagrijte pećnicu na 350 ° F. Premažite maslacem posudu za pečenje 13 × 9 × 2 inča. Pospite ga prezlama.

2. Zakuhajte veliku posudu s vodom. Dodajte njoke i posolite po ukusu. Kuhajte uz povremeno miješanje 30 sekundi nakon što njoki isplivaju na površinu. Njoke vadite šupljikavom žlicom i slažite u sloj u pripremljenu posudu za pečenje. Na vrh stavite polovicu Fontine i pokapajte polovicom maslaca. Pospite paprom. Napravite drugi sloj od njoka, Fontine i maslaca. Pospite naribanim sirom i cimetom.

3. Pecite 20 minuta ili dok ne počnu mjehurići i lagano porumene. Poslužite vruće.

Njoki od krumpira na sorentski način

Njoki alla Sorrentina

Za 8 porcija

U području Napulja krumpirove njoke često nazivaju strangolopreti, što znači "svećenički davitelji", s idejom da bi pohlepni svećenik suočen s tako ukusnom domaćom kuhinjom mogao pojesti previše i ugušiti se. Ovo pečeno jelo specijalitet je Sorrenta.

Oko 2 šalice<u>Marinara umak</u>

1 recept<u>Njoki od krumpira</u>

Slano

8 unci svježe mozzarelle, tanko narezane

1/4 šalice svježe naribanog pecorina romana

1. Pripremite umak i njoke. Zatim stavite rešetku u sredinu pećnice. Zagrijte pećnicu na 400 ° F. Raširite tanki sloj umaka u posudu za pečenje 13×9×2 inča.

2. Zakuhajte veliku posudu s vodom. Posoliti po ukusu. Smanjite vatru tako da voda lagano ključa. Njoke spuštajte u vodu komad

po komad. Kuhajte 30 sekundi nakon što njoki isplivaju na površinu. Njoke izvadite iz posude šupljikavom žlicom i dobro ocijedite. Podijelite njoke po posudi za pečenje. Žlicom nanesite malo umaka. Ponovite s preostalim njokima i umakom. Podijelite mozzarellu po njokima. Pospite naribanim sirom.

3.Pecite 30 minuta ili dok umak ne zabubi. Poslužite vruće.

RECEPTI ZA EXTRA DESERT

Puding od čokolade

Cioccolato krema

Za 8 porcija

Kakao, čokolada i vrhnje čine ovaj desert bogatim, kremastim i ukusnim. Poslužite u malim porcijama sa šlagom i naribanom čokoladom.

2/3 šalice šećera

1/4 šalice kukuruznog škroba

3 žlice nezaslađenog kakaa u prahu

1/4 žličice soli

2 šalice punomasnog mlijeka

1 šalica gustog vrhnja

4 unce gorko-slatke ili poluslatke čokolade, nasjeckane, plus još za ukras (po izboru)

1. U veliku zdjelu prosijte 1/3 šalice šećera, kukuruzni škrob, kakao i sol. Umiješajte 1/4 šalice mlijeka dok smjesa ne postane glatka i dobro izmiješana.

2. U velikom loncu pomiješajte preostalih 1/3 šalice šećera, 13/4 šalice mlijeka i gustog vrhnja. Kuhajte na srednjoj vatri, često miješajući, dok se šećer ne otopi i smjesa ne zavrije, oko 3 minute.

3. U vruću mliječnu smjesu pjenjačom umiješajte smjesu kakaa. Kuhajte uz miješanje dok smjesa ne zavrije. Smanjite vatru na nisku i kuhajte dok ne postane gusta i glatka, još 1 minutu.

4. Sadržaj tepsije izlijte u veliku zdjelu. Dodajte čokoladu i miješajte dok se ne otopi i postane glatka. Čvrsto pokrijte komadom plastične folije, pričvrstite foliju na površinu pudinga kako biste spriječili stvaranje kožice. Stavite u hladnjak na hladno, 3 sata do preko noći.

5. Žlicom stavljajte puding u posude za desert za posluživanje. Po želji ukrasite s malo nasjeckane čokolade i poslužite.

Puding od riže s komadićima čokolade

Budino di Riso al Cioccolato

Čini 6 porcija

Ovaj kremasti puding od riže sam imala u Bologni, gdje su pite i pudinzi s rižom jako popularni. Tek kad sam je kušao, otkrio sam da su ono što je izgledalo kao grožđice zapravo mali komadići gorko-slatke čokolade. Šlag posvjetljuje ovaj bogati puding, napravljen od talijanske riže srednjeg zrna. Poslužite običnu ili saUmak od malina tijekom cijele godineiliumak od vruće čokolade.

6 šalica punomasnog mlijeka

3/4 šalice srednje velike riže, poput Arborio, Carnaroli ili Vialone Nano

1/2 žličice soli

3/4 šalice šećera

2 žlice tamnog ruma ili rakije

1 žličica čistog ekstrakta vanilije

1 šalica gustog ili gustog vrhnja

3 unce gorko-slatke čokolade, nasjeckane

1. U velikom loncu pomiješajte mlijeko, rižu i sol. Zakuhajte mlijeko i kuhajte uz često miješanje dok riža ne omekša i mlijeko ne upije, oko 35 minuta.

2. Kuhanu rižu prebacite u veliku zdjelu. Umiješajte šećer i ostavite da se ohladi na sobnoj temperaturi. Umiješajte rum i vaniliju.

3. Najmanje 20 minuta prije nego što budete spremni za pripremu deserta, ohladite veliku zdjelu i mješalice električne miješalice.

4. Izvadite zdjelu i mješalice iz hladnjaka kada se ohlade. Ulijte vrhnje u zdjelu i tucite vrhnje na velikoj brzini dok lagano ne zadrži oblik kada se mješalice podignu, oko 4 minute.

5. Savitljivom lopaticom umiješajte šlag i nasjeckanu čokoladu u smjesu riže. Poslužite odmah ili poklopite i ohladite.

Karamel krema od kave

Pan di Caffe

Čini 6 porcija

Ovaj stari toskanski recept teksturom je poput krem karamele, ali ne sadrži mlijeko ni vrhnje. Krema je bogata, tamna i gusta, iako ne tako teška kao što bi bila da se radi s vrhnjem. Talijanski naziv pokazuje da se nekada pekao u obliku štruce kruha, kao što je talijanski kruh-dijamant.

2 šalice vrućeg, jako kuhanog espressa

1 1/2 šalice šećera

2 žlice vode

5 velikih jaja

1 žlica ruma ili rakije

1. Postavite rešetku u sredinu pećnice. Zagrijte pećnicu na 350° F. Pripremite 6 šalica za kremu otpornih na toplinu.

2. U velikoj zdjeli miješajte espresso s 3/4 šalice šećera dok se šećer ne otopi. Neka odstoji dok kava ne bude sobne temperature, oko 30 minuta.

3. U malom, teškom loncu pomiješajte preostale 3/4 šalice šećera i vodu. Kuhajte na srednjoj vatri uz povremeno miješanje dok se šećer potpuno ne otopi, oko 3 minute. Kada smjesa počne kuhati, prestanite miješati i kuhajte dok sirup ne počne posmeđivati oko rubova. Zatim lagano vrtite tavu na vatri dok sirup ne postane ravnomjerno zlatan, još oko 2 minute. Zaštitite ruku rukavicom za pećnicu i odmah ulijte vruću karamelu u šalice za kremu.

4. U velikoj zdjeli tucite jaja dok se ne sjedine. U ohlađenu kavu umiješajte rum. Ulijte smjesu kroz fino sito u zdjelu i dodajte u šalice za kremu.

5. Stavite šalice u veliku posudu za pečenje. Stavite posudu u sredinu pećnice i ulijte vruću vodu u posudu do dubine od 1 inča. Pecite 30 minuta ili dok nož umetnut 1 inč od sredine kreme ne izađe čist. Prebacite šalice iz posude na rešetku da se ohlade. Pokrijte i ostavite u hladnjaku najmanje 3 sata ili preko noći.

6. Za posluživanje prođite malim nožem po unutrašnjosti svake šalice za kremšnitu. Preokrenite na tanjure za posluživanje i odmah poslužite.

Čokoladna krema karamela

Crème Caramel al Cioccolato

Čini 6 porcija

Crème karamela je svilenkasto glatka zapečena krema. Sviđa mi se ova verzija, s okusom čokolade, koju sam imala u Rimu.

karamela

3/4 šalice šećera

2 žlice vode

Krema

2 šalice punomasnog mlijeka

4 unce gorko-slatke ili poluslatke čokolade, nasjeckane

3/4 šalice šećera

4 velika jaja

2 velika žumanjka

1. Postavite rešetku u sredinu pećnice. Zagrijte pećnicu na 350° F. Pripremite 6 šalica za kremu otpornih na toplinu.

2. Pripremite karamel: Pomiješajte šećer i vodu u malom, teškom loncu. Kuhajte na srednjoj vatri uz povremeno miješanje dok se šećer potpuno ne otopi, oko 3 minute. Kada smjesa počne kuhati, prestanite miješati i kuhajte dok sirup ne počne posmeđivati oko rubova. Zatim lagano vrtite tavu na vatri dok sirup ne postane ravnomjerno zlatan, još oko 2 minute. Zaštitite ruku rukavicom za pećnicu i odmah ulijte vruću karamelu u šalice za kremu.

3. Pripremite kremu: Zagrijte mlijeko u malom loncu na laganoj vatri dok se oko rubova ne stvore mjehurići. Maknite s vatre. Dodajte čokoladu i preostale 3/4 šalice šećera i ostavite stajati dok se čokolada ne otopi. Miješajte dok se ne sjedini.

4. U velikoj zdjeli tucite jaja i žumanjke dok se ne sjedine. Umiješajte čokoladno mlijeko. Ulijte smjesu kroz fino sito u zdjelu i dodajte u šalice za kremu.

5. Stavite šalice u veliku posudu za pečenje. Stavite u sredinu pećnice. Pažljivo ulijte vruću vodu u posudu do dubine od 1 inča. Pecite 20 do 25 minuta ili dok nož umetnut 1 inč od sredine kreme ne izađe čist. Prebacite šalice iz posude na rešetku da se

ohlade. Pokrijte i ostavite u hladnjaku najmanje 3 sata ili preko noći.

6.Za posluživanje prođite malim nožem po unutrašnjosti svake šalice za kremšnitu. Preokrenite na tanjure za posluživanje i odmah poslužite.

Amaretti krema od karamele

Bonet

Za 8 porcija

Kreme su obično kremaste, ali ova pijemontska verzija je ugodno prskasta jer se radi od mljevenih amaretti keksa. Često se prži u zdjeli, a ime mu dolazi od dijalektalne riječi za krunu šešira. Ja je radije pečem u kalupu za višeslojnu tortu (ne u kalupu za opruge), jer je u tom kalupu lakše rezati i poslužiti.

karamela

2/3 šalice šećera

1/4 šalice vode

Krema

3 šalice punomasnog mlijeka

4 velika jaja

1 šalica šećera

1 šalica nezaslađenog kakaa u prahu nizozemskog procesa

3/4 šalice fino mljevenih uvezenih talijanskih amaretti keksa (oko 12)

2 žlice tamnog ruma

1 žličica čistog ekstrakta vanilije

1. Pripremite karamel: Pomiješajte šećer i vodu u malom, teškom loncu. Kuhajte na srednjoj vatri uz povremeno miješanje dok se šećer potpuno ne otopi, oko 3 minute. Kada smjesa počne kuhati, prestanite miješati i kuhajte dok sirup ne počne posmeđivati oko rubova. Zatim lagano vrtite tavu na vatri dok sirup ne postane ravnomjerno zlatan, još oko 2 minute. Zaštitite ruke rukavicom za pećnicu i odmah izlijte karamelu u kalup za tortu od 8 ili 9 inča sa slojem od 8 ili 9 inča. Nagnite posudu kako biste dno i neke stranice premazali karamelom.

2. Postavite rešetku u sredinu pećnice. Zagrijte pećnicu na 325 ° F. U sredinu pećnice stavite posudu za pečenje dovoljno veliku da u nju stane posuda za kolače.

3. Pripremite kremu: Zagrijte mlijeko u velikom, teškom loncu na laganoj vatri dok se oko ruba ne stvore mali mjehurići.

4. U međuvremenu, u velikoj zdjeli, tucite jaja sa šećerom dok se ne sjedine. Umiješajte kakao, biskvitne mrvice, rum i vaniliju. Postupno umiješajte vruće mlijeko.

5. Ulijte smjesu kreme kroz fino sito u pripremljenu posudu. Stavite posudu na sredinu posude za pečenje. Pažljivo ulijte vrlo vruću vodu u posudu za pečenje do dubine od 1 inča.

6. Pecite 1 sat i 10 minuta ili dok se vrh ne stegne, ali sredina još uvijek bude lagano klimava. (Zaštitite ruku rukavicom za pećnicu, lagano protresite posudu.) Pripremite žičanu rešetku za hlađenje. Stavite posudu na rešetku 15 minuta da se ohladi. Pokrijte i ostavite u hladnjaku 3 sata do preko noći.

7. Da biste ga izvadili iz kalupa, prođite malim nožem oko unutarnjeg ruba posude. Preokrenite kremu na tanjur za posluživanje. Narežite na kriške za posluživanje odmah.

Jednostavan sirup za Granitu

Čini 1 1/4 šalice

Ako želite napraviti granitu za tren, udvostručite ili utrostručite ovaj recept i čuvajte u zatvorenoj staklenci u hladnjaku do dva tjedna.

1 šalica hladne vode

1 šalica šećera

1. U malom loncu pomiješajte vodu i šećer. Pustite da zavrije na srednjoj vatri i kuhajte uz povremeno miješanje dok se šećer ne otopi, oko 3 minute.

2. Neka se sirup malo ohladi. Ulijte u posudu, poklopite i stavite u hladnjak do upotrebe.

Granita od limuna

Granita di Limone

Čini 6 porcija

Vrhunsko ljetno osvježenje - poslužite takvo s kriškom limuna i grančicom mente ili umiješajte u ljetne koktele. Granita od limuna također je dobar affogato, što znači "utopljen", sa žlicom grappe ili limoncella, ukusnog likera od limuna s Caprija.

1 šalica vode

2/3 šalice šećera

21/2 šalice kockica leda

1 žličica ribane korice limuna

1/2 šalice svježe iscijeđenog soka od limuna

1. U malom loncu pomiješajte vodu i šećer. Pustite da zavrije na srednjoj vatri i kuhajte uz povremeno miješanje dok se šećer ne otopi, oko 3 minute. Neka se nešto ohladi. Stavite kockice leda u veliku zdjelu i prelijte sirup preko kockica leda. Miješajte dok se led ne otopi. Stavite u hladnjak dok se ne ohladi, oko 1 sat.

2. Ohladite metalnu tavu dimenzija 13×9×2 inča u zamrzivaču. U srednjoj zdjeli pomiješajte šećerni sirup, limunovu koricu i limunov sok. Izvadite posudu iz zamrzivača i ulijte smjesu. Zamrznite na 30 minuta ili dok se oko rubova ne formira rub ledenih kristala od 1 inča.

3. Umiješajte kristale leda u sredinu smjese. Vratite posudu u zamrzivač i nastavite zamrzavati, miješajući svakih 30 minuta, dok se sva tekućina ne zamrzne, otprilike 2 do 21/2 sata. Poslužite odmah ili smjesu ostružite u plastičnu posudu, poklopite i stavite u hladnjak do 24 sata.

4. Po potrebi izvadite iz zamrzivača oko 15 minuta prije posluživanja da omekša.

Granita od lubenice

Granita di Cocomero

Čini 6 porcija

Okus ove granite toliko je koncentriran, a hladnoća toliko osvježavajuća da bi mogla biti bolja od svježe lubenice. Omiljena je na Siciliji, gdje ljeta znaju biti izuzetno vruća.

1 šalica vode

1/2 šalice šećera

4 šalice komadića lubenice bez sjemenki

2 žlice svježeg soka od limuna ili po ukusu

1. Pomiješajte vodu sa šećerom u maloj posudi. Pustite da zavrije na srednjoj vatri, zatim kuhajte uz povremeno miješanje dok se šećer ne otopi, oko 3 minute. Pustite da se malo ohladi, zatim stavite u hladnjak dok se ne ohladi, oko 1 sat.

2. Ohladite metalnu tavu dimenzija 13×9×2 inča u zamrzivaču. Stavite komade lubenice u blender ili procesor hrane i miksajte dok ne postane glatko. Prolijte kroz fino sito u zdjelu da uklonite sve komadiće sjemenki. Trebali biste imati oko 2 šalice soka.

3. U velikoj zdjeli pomiješajte sok i sirup. Dodajte sok od limuna po ukusu.

4. Izvadite posudu iz zamrzivača i ulijte smjesu. Zamrznite na 30 minuta ili dok se oko rubova ne formira rub ledenih kristala od 1 inča. Umiješajte kristale leda u sredinu smjese. Vratite posudu u zamrzivač i nastavite zamrzavati, miješajući svakih 30 minuta, dok se sva tekućina ne zamrzne, otprilike 2 do 21/2 sata. Poslužite odmah ili smjesu ostružite u plastičnu posudu, poklopite i stavite u hladnjak do 24 sata.

5. Po potrebi izvadite iz zamrzivača oko 15 minuta prije posluživanja da omekša.

Linguine sa sušenim rajčicama

Linguine s Pomodori Secchi

Za 4 do 6 porcija

Staklenka mariniranih sušenih rajčica u smočnici i neočekivani gosti inspirirali su ovo brzo jelo od tjestenine. Ulje od kojeg dolazi većina mariniranih sušenih rajčica uglavnom nije najkvalitetnije, pa ga radije ocijedim i ovom jednostavnom umaku dodam vlastito ekstra djevičansko maslinovo ulje.

1 staklenka (oko 6 unci) mariniranih osušenih rajčica, ocijeđenih

1 mali češanj češnjaka

1/4 šalice ekstra djevičanskog maslinovog ulja

1 žlica balzamičnog octa

Slano

1 funta linguina

6 listova svježeg bosiljka naslaganih i narezanih na tanke vrpce

1. Pomiješajte rajčice i češnjak u multipraktiku ili blenderu i obradite dok se ne usitne. Polako dodajte ulje i ocat i miješajte dok ne postane glatko. Okus za bilje.

2. Zakuhajte najmanje 4 litre vode u velikom loncu. Dodajte 2 žlice soli, a zatim tjesteninu, nježno gurajući prema dolje dok tjestenina potpuno ne potopi. Dobro promiješati. Kuhajte na jakoj vatri, često miješajući, dok tjestenina ne postane al dente, mekana, ali čvrsta. Dio tekućine od kuhanja ostavite sa strane. Ocijedite tjesteninu.

3. U veliku zdjelu pomiješajte tjesteninu s umakom od rajčice i svježim bosiljkom, po potrebi dodajte malo vode za tjesteninu. Poslužite odmah.

Varijacija: U tjesteninu i umak dodajte konzervu ocijeđene tune s maslinovim uljem. Ili dodajte nasjeckane crne masline ili inćune.

Špageti s paprikom, pecorinom i bosiljkom

Špageti s feferonima

Za 4 do 6 porcija

Jedenje špageta, linguina ili druge dugačke tjestenine žlicom i vilicom u Italiji se ne smatra dobrim ponašanjem, kao ni rezanje konca na kratke komade. Djecu se od malih nogu uči da vrte nekoliko niti tjestenine oko vilice i uredno je jedu bez gutanja.

Prema jednoj priči, za tu je svrhu sredinom devetnaestog stoljeća izumljena vilica s tri kraka. Do tada se tjestenina uvijek jela rukama, a vilice su imale samo dva zupca jer su se njima uglavnom probadalo meso. Kralj Ferdinand II od Napulja zamolio je svog komornika, Cesarea Spadaccinija, da osmisli način posluživanja duge tjestenine na dvorskim banketima. Spadaccini je smislio vilicu s tri kraka, a ostalo je povijest.

Svježe ljute čili papričice tipične su za kalabrijsku kuhinju. Ovdje se kombiniraju s paprikom i poslužuju uz špagete. Naribani pecorino lijep je, slan pandan slatkoći papričice i bosiljka.

¼ šalice maslinovog ulja

4 velike crvene paprike, tanko narezane

1 ili 2 mala svježa čilija, očišćena od sjemenki i sitno nasjeckana, ili prstohvat mljevene crvene paprike

Slano

2 režnja češnjaka, tanko narezana

12 svježih listova bosiljka, narezanih na tanke vrpce

1/3 šalice svježe naribanog pecorina romana

1 funta špageta

1. Zagrijte ulje na srednje jakoj vatri u tavi dovoljno velikoj da u nju stane kuhana tjestenina. Dodajte paprike, čili i sol. Kuhajte uz povremeno miješanje 10 minuta.

2. Umiješajte češnjak. Poklopite i kuhajte još 10 minuta ili dok paprika ne omekša. Maknite s vatre i umiješajte bosiljak.

3. Zakuhajte najmanje 4 litre vode u velikom loncu. Dodajte 2 žlice soli, a zatim tjesteninu, nježno gurajući prema dolje dok tjestenina potpuno ne potopi. Dobro promiješati. Kuhajte, često miješajući, dok špageti ne postanu al dente, mekani, ali čvrsti. Dio tekućine od kuhanja ostavite sa strane. Ocijedite tjesteninu i dodajte je u tavu zajedno s umakom.

4. Kuhajte na srednjoj vatri uz stalno miješanje 1 minutu. Dobro promiješajte i dodajte malo vode od tjestenine. Dodajte sir i ponovno promiješajte. Poslužite odmah.

Penne s tikvicama, bosiljkom i jajima

Penne con Zucchini i Uova

Za 4 do 6 porcija

Uporan je mit da je tjesteninu "izumio" u Kini i donio u Italiju Marko Polo. Dok su se rezanci možda jeli u Kini kad je Polo posjetio, tjestenina je bila dobro poznata u Italiji mnogo prije njegova povratka u Veneciju 1279. Arheolozi su pronašli crteže i pribor za kuhanje koji podsjećaju na moderne alate za pravljenje tjestenine, poput valjka i kotača za rezanje, u etruščanskoj grobnici iz četvrtog stoljeća prije Krista sjeverno od Rima. Legenda se vjerojatno može pripisati holivudskom prikazu venecijanskog istraživača u filmu iz 1930-ih u kojem je glumio Gary Cooper.

U ovom napolitanskom receptu, toplina tjestenine i povrća kuha jaja dok ne postanu kremasta i lagano se stvrdnu.

4 srednje velike tikvice (oko 1 1/4 funte), oribane

1/3 šalice maslinovog ulja

1 manja glavica luka sitno nasjeckana

Sol i svježe mljeveni crni papar

3 velika jaja

1/2 šalice svježe naribanog pecorina romana ili parmigiano-reggiana

1 funta penne

1/2 šalice natrganog svježeg bosiljka ili peršina

1. Narežite tikvice na štapiće debljine 1/4 inča duge oko 1 1/2 inča. Osušite komade.

2. Ulijte ulje u tavu dovoljno veliku da u nju stane kuhana tjestenina. Dodajte luk i kuhajte na srednjoj vatri, povremeno miješajući, dok ne omekša, oko 5 minuta. Dodajte tikvice i kuhajte, često miješajući, dok lagano ne porumene, oko 10 minuta. Posolite i popaprite.

3. U srednjoj posudi istucite jaja sa sirom te posolite i popaprite po ukusu.

4. Dok se tikvice kuhaju, zakuhajte oko 4 litre vode u velikom loncu. Dodajte 2 žlice soli i tjesteninu. Dobro promiješati. Kuhajte na jakoj vatri, često miješajući, dok tjestenina ne postane al dente, mekana, ali čvrsta. Dio tekućine od kuhanja ostavite sa strane. Ocijedite tjesteninu i dodajte je u tavu zajedno s umakom.

5. Pomiješajte tjesteninu sa smjesom od jaja. Dodajte bosiljak i dobro promiješajte. Umiješajte malo tekućine od kuhanja ako vam se tjestenina čini suha. Obilato popaprite i odmah poslužite.

Tjestenina sa graškom i jajima

Tjestenina s Pisellijem

Za 4 porcije

Moja majka je kao dijete često pravila ovo starinsko jelo. Koristila je grašak iz konzerve, ali ja volim koristiti smrznuti jer je svježijeg okusa i čvršće teksture. Možda se čini protiv tradicije lomiti špagete na male komadiće, ali to je ključ za podrijetlo ovog recepta. Kad su ljudi bili siromašni i kad je bilo mnogo usta za hraniti, sastojci su se lako mogli rastegnuti dodavanjem dodatne vode i pretvaranjem u juhu.

Ovo je jedno od onih rezervnih jela koje mogu složiti bilo kada, jer mi rijetko ponestane paketa graška u zamrzivaču, tjestenine u smočnici i nekoliko jaja u hladnjaku. Budući da su grašak, jaja i tjestenina dosta zasitni, ovu količinu obično napravim za 4 porcije. Dodajte punu funtu tjestenine ako želite 6 do 8 porcija.

1/4 šalice maslinovog ulja

1 veliki luk, narezan na tanke ploške

1 (10 unci) pakiranje smrznutog graška, djelomično odmrznutog

Sol i svježe mljeveni crni papar

2 velika jaja

1/2 šalice svježe naribanog parmigiano-reggiana

1/2 funte špageta ili linguina, izrezanih na komade od 2 inča

1. Ulijte ulje u tavu dovoljno veliku da u nju stane tjestenina. Dodajte luk i kuhajte na srednjoj vatri, povremeno miješajući, dok luk ne omekša i lagano porumeni, oko 12 minuta. Umiješajte grašak i kuhajte još oko 5 minuta, dok grašak ne omekša. Posolite i popaprite.

2. U srednjoj posudi istucite jaja sa sirom te posolite i popaprite po ukusu.

3. Zakuhajte najmanje 4 litre vode u velikom loncu. Dodajte 2 žlice soli pa tjesteninu. Dobro promiješati. Kuhajte na jakoj vatri, često miješajući, dok tjestenina ne omekša, ali se malo skuha. Ocijedite tjesteninu, a dio tekućine od kuhanja ostavite.

4. Tjesteninu umiješajte u tavu s graškom. Dodajte smjesu jaja i kuhajte na laganoj vatri uz stalno miješanje oko 2 minute dok se jaja lagano ne stvrdnu. Dodajte malo vode od kuhanja ako vam se tjestenina čini suha. Poslužite odmah.

Linguine s mahunama, rajčicama i bosiljkom

Lingiune s Fagiolinijem

Za 4 do 6 porcija

Ricotta salata je usoljeni i prešani oblik ricotte. Ako ga ne možete pronaći, zamijenite ga blagim, neslanim feta sirom ili svježom ricottom i naribanim pecorinom. Ova tjestenina tipična je za Apuliju.

12 unci zelenog graha, podrezanog

Slano

1/4 šalice maslinovog ulja

1 češanj češnjaka, samljeven

5 srednjih rajčica, oguljenih, sjemenki i nasjeckanih (oko 3 šalice)

Svježe mljeveni crni papar

1 funta linguina

1/2 šalice nasjeckanog svježeg bosiljka

1 šalica naribane ricotte salate, blage fete ili svježe ricotte

1. Zakuhajte oko 4 litre vode. Dodajte mahune i sol po ukusu. Kuhajte 5 minuta ili dok ne postane hrskavo. Izdubite zelene mahune šupljikavom žlicom ili sitom, čuvajući vodu. Posušite grah. Narežite grah na komade od 1 inča.

2. Ulijte ulje u tavu dovoljno veliku da u nju stane kuhana tjestenina. Dodajte češnjak i kuhajte na srednjoj vatri dok ne postane lagano zlatne boje, oko 2 minute.

3. Dodajte rajčice te sol i papar po ukusu. Kuhajte uz povremeno miješanje dok se rajčice ne zgusnu i sok ne ispari. Umiješajte grah. Pirjajte još 5 minuta.

4. U međuvremenu stavite lonac s vodom da zavrije. Dodajte 2 žlice soli, zatim linguine, lagano ga gurajući prema dolje dok tjestenina potpuno ne potopi. Kuhajte na jakoj vatri, često miješajući, dok tjestenina ne postane al dente, mekana, ali čvrsta. Dio tekućine od kuhanja ostavite sa strane. Ocijedite tjesteninu i dodajte je u tavu zajedno s umakom.

5. U tavu bacite linguine s umakom. Dodajte bosiljak i sir i ponovno miješajte na srednjoj vatri dok sir ne postane kremast. Poslužite odmah.

Male uši s kremom od krumpira i rukolom

Orecchiette s Crema di Patate

Za 4 do 6 porcija

Divlja rikula raste po cijeloj Pugliji. Hrskavo je, s uskom, pilastom oštricom i atraktivnim orašastim okusom. Listovi se jedu i sirovi i kuhani, često s pastama. Krumpir je bogat škrobom, ali se u Italiji smatra samo povrćem, pa ga poslužiti s tjesteninom nije problem, pogotovo u Pugliji. Krumpir se kuha dok ne omekša, a zatim se pasira u vodi od kuhanja dok ne postane kremast.

2 srednje kuhana krumpira, oko 12 unci

Slano

1/4 šalice maslinovog ulja

1 češanj češnjaka, samljeven

1 funta orecchiette ili jakobove kapice

2 sveženja rikule (oko 8 unci), čvrste stabljike uklonjene, isprane i ocijeđene

Sol i svježe mljeveni crni papar

1. Krompir ogulite i stavite u manji lonac sa soli po ukusu i hladnom vodom da bude pokriven. Zakuhajte vodu i kuhajte krumpir dok ga ne omekša kada ga probodete oštrim nožem, oko 20 minuta. Ocijedite krumpir, a vodu sačuvajte.

2. Ulijte ulje u srednju posudu za umake. Dodajte češnjak i kuhajte na srednjoj vatri dok češnjak ne porumeni, oko 2 minute. Maknite s vatre. Dodajte krumpir i dobro ga zgnječite gnječilicom ili vilicom, umiješajte otprilike šalicu odvojene vode da dobijete rijetku "kremu". Posolite i popaprite.

3. Zakuhajte 4 litre vode. Dodajte 2 žlice soli pa tjesteninu. Dobro promiješati. Kuhajte na jakoj vatri, često miješajući, dok tjestenina ne postane al dente, mekana, ali čvrsta. Dodajte rikulu i jednom promiješajte. Ocijedite tjesteninu i rikulu.

4. Tjesteninu i rikulu vratite u tavu i dodajte umak od krumpira. Kuhajte i miješajte na laganoj vatri, po potrebi dodajte još malo vode od krumpira. Poslužite odmah.

Tjestenina i krumpir

Tjestenina i čips

Čini 6 porcija

Poput tjestenine s grahom ili lećom, tjestenina i krumpir dobar su primjer la cucina povera, južnotalijanskog načina uzimanja nekoliko jednostavnih sastojaka i pretvaranja u ukusna jela. Kad su vremena bila vrlo mršava i bilo je mnogo usta za hranjenje, običaj je bio dodati više vode, obično tekućine koja je ostala nakon kuhanja povrća ili tjestenine, i proširiti ta jela od tjestenine do juhe kako bi se održala.

1/4 šalice maslinovog ulja

1 srednja mrkva, nasjeckana

1 srednji celer, nasjeckan

1 srednja glavica luka, nasjeckana

2 češnja češnjaka, sitno nasjeckana

2 žlice nasjeckanog svježeg peršina

3 žlice paste od rajčice

Sol i svježe mljeveni crni papar

1 1/2 funte kuhanog krumpira, oguljenog i nasjeckanog

1 funta tubetti ili malih jakobovih kapica

1/2 šalice svježe naribanog pecorina romana ili parmigiano-reggiana

1. U veliki lonac ulijte ulje i dodajte nasjeckane sastojke, osim krumpira. Kuhajte na srednjoj vatri, povremeno miješajući, dok ne omekša i ne porumeni, oko 15 do 20 minuta.

2. Umiješajte pire od rajčice te posolite i popaprite po ukusu. Dodajte krumpir i 4 šalice vode. Zakuhajte i kuhajte dok krumpir ne omekša, oko 30 minuta. Zgnječite dio krumpira stražnjom stranom žlice.

3. Zakuhajte oko 4 litre vode u velikom loncu. Dodajte 2 žlice soli pa tjesteninu. Dobro promiješati. Kuhajte uz često miješanje dok tjestenina ne postane al dente, mekana, ali čvrsta. Dio tekućine od kuhanja ostavite sa strane. U smjesu od krumpira umiješajte tjesteninu. Po potrebi dodajte malo vode od kuhanja, ali smjesa treba ostati dosta gusta. Umiješajte sir i odmah poslužite.

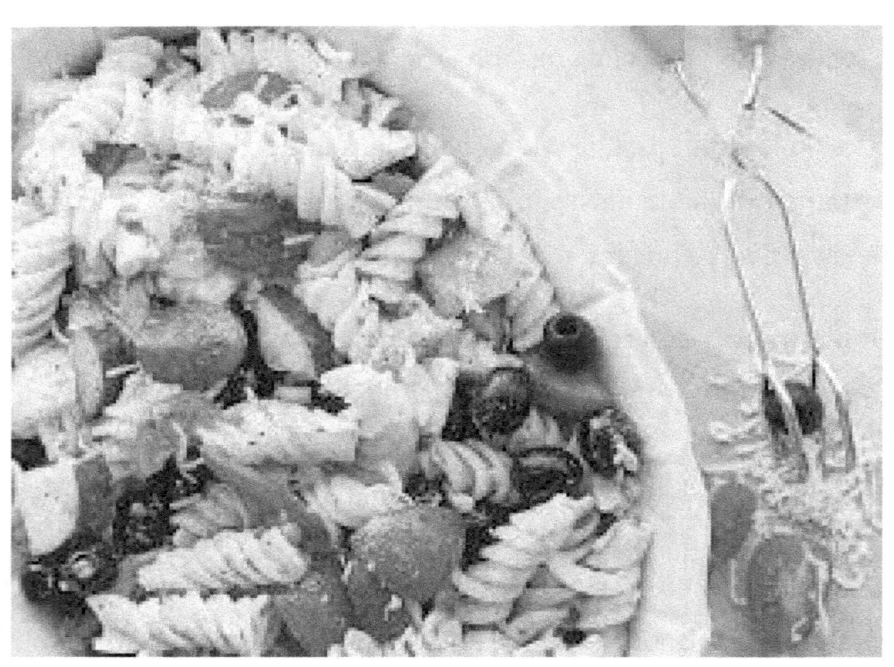

Školjke s cvjetačom i sirom

Conchiglie al Cavolfiore

Čini 6 porcija

Svestrana cvjetača zvijezda je mnogih jela od tjestenine u južnoj Italiji. Na Siciliji smo imali ovo jednostavno jelo napravljeno od lokalne cvjetače ljubičaste boje.

1/2 šalice maslinovog ulja

1 srednja glavica luka, sitno nasjeckana

1 srednja cvjetača, očišćena i narezana na cvjetiće veličine zalogaja

Slano

2 žlice nasjeckanog svježeg peršina

Svježe mljeveni crni papar

školjke od 1 funte

3/4 šalice svježe naribanog pecorina romana

1. Ulijte ulje u tavu dovoljno veliku da u nju stane kuhana tjestenina. Dodajte luk i kuhajte na srednjoj vatri 5 minuta.

Dodajte cvjetaču i sol po ukusu. Poklopite i kuhajte 15 minuta ili dok cvjetača ne omekša. Umiješajte peršin i crni papar po ukusu.

2. Zakuhajte najmanje 4 litre vode u velikom loncu. Dodajte 2 žlice soli pa tjesteninu. Dobro promiješati. Kuhajte na jakoj vatri, često miješajući, dok tjestenina ne postane al dente, mekana, ali još uvijek čvrsta na zalogaj. Ocijedite tjesteninu, a dio tekućine od kuhanja ostavite.

3. Dodajte tjesteninu u tavu s cvjetačom i dobro promiješajte na srednjoj vatri. Po potrebi dodajte malo tekućine od kuhanja. Dodajte sir i ponovno pospite obilato mljevenim crnim paprom. Poslužite odmah.

Tjestenina s cvjetačom, šafranom i ribizlom

Tjestenina Arriminati

Čini 6 porcija

Sicilijanske sorte cvjetače kreću se od ljubičastobijele do zelene boje graška i odličnog su okusa u jesen i zimi kada su svježe ubrane. Ovo je jedna od mnogih kombinacija sicilijanske tjestenine i cvjetače. Šafran daje zlatnožutu boju i suptilan okus, dok ribizli i inćuni dodaju slatkoću i slanost. Pržene krušne mrvice daju meko hrskanje kao završni dodir.

1 žličica niti šafrana

2/3 šalice ribiza ili tamnih grožđica

Slano

1 velika cvjetača (oko 2 funte), orezana i izrezana na cvjetiće

1/3 šalice maslinovog ulja

1 srednja glavica luka, sitno nasjeckana

6 fileta inćuna, ocijeđenih i nasjeckanih

Svježe mljeveni crni papar

1/3 šalice pinjola, lagano tostiranih

1 funta pennea ili jakobovih kapica

1/4 šalice prženih krušnih mrvica

1. U manjoj zdjelici poškropite niti šafrana s 2 žlice vruće vode. Stavite ribizle u drugu posudu s vrućom vodom da prekriju. Neka oboje odstoji oko 10 minuta.

2. Zakuhajte najmanje 4 litre vode u velikom loncu. Dodajte 2 žlice soli i cvjetaču. Kuhajte uz često miješanje dok cvjetača ne omekša kad se probode nožem, otprilike 10 minuta. Izvadite cvjetaču šupljikavom žlicom, a vodu ostavite za kuhanje tjestenine.

3. Ulijte ulje u tavu dovoljno veliku da u nju stane kuhana tjestenina. Dodajte luk i kuhajte na srednjoj vatri 10 minuta. Dodajte inćune i kuhajte još 2 minute uz često miješanje dok se ne otope. Umiješajte šafran i tekućinu za namakanje. Ocijedite ribizle i dodajte ih u tavu.

4. Umiješajte kuhanu cvjetaču. Zagrabite malo tekućine od kuhanja i dodajte je cvjetači u tavi. Kuhajte 10 minuta, lomeći cvjetaču

stražnjom stranom žlice, dok ne postane sitna. Posoliti i popapriti po ukusu. Umiješajte pinjole.

5. Dok se cvjetača kuha, vodu od kuhanja ponovno prokuhajte. Dodajte tjesteninu i dobro promiješajte. Kuhajte na jakoj vatri, često miješajući, dok tjestenina ne postane al dente, mekana, ali čvrsta. Dio tekućine od kuhanja ostavite sa strane. Ocijedite tjesteninu i dodajte je u tavu sa smjesom od cvjetače. Dobro promiješajte i dodajte malo vode od kuhanja ako vam se tjestenina čini suha.

6. Poslužite tjesteninu posutu prepržanim krušnim mrvicama.

Leptir mašne s artičokama i graškom

Farfalle s Carciofijem

Za 4 do 6 porcija

Dok se mnoga talijanska odmarališta zatvaraju tijekom zimskih mjeseci, većina se ponovno otvara za Uskrs. Tako je bilo u Portofinu kad sam bio tamo godinu dana, iako je vrijeme bilo kišovito i prohladno. Napokon se nebo razvedrilo i sunce je izašlo te smo suprug i ja mogli uživati u ručku na terasi našeg hotela s pogledom na more.

Počeli smo s ovom tjesteninom, a zatim i cijelom ribom, pečenom s maslinama. Desert je bio kolač od limuna. Bila je to savršena uskrsna večera.

Ako mlade artičoke nisu dostupne, zamijenite ih većim artičokama, narezanim na kriške.

1 funta mladih artičoka

2 žlice maslinovog ulja

1 manja glavica luka sitno nasjeckana

1 češanj češnjaka, samljeven

Sol i svježe mljeveni crni papar

2 šalice svježeg graška ili 1 (10 unci) paket smrznutog

1/2 šalice nasjeckanog svježeg bosiljka ili ravnog peršina

1 funta farfala

1/2 šalice svježe naribanog parmigiano-reggiana

1. Koristeći veliki nož, odrežite gornji 1 inč artičoka. Dobro ih isperite pod hladnom vodom. Savijte se i odrežite male listove oko baze. Škarama odrežite šiljate vrhove preostalih listova. Uklonite čvrstu vanjsku kožicu sa stabljika i oko baze. Artičoke prerežite na pola. Malim nožem sa zaobljenim vrhom ostružite dlakavo lišće u sredini. Artičoke narežite na tanke ploške.

2. Ulijte maslinovo ulje u tavu dovoljno veliku da u nju stane kuhana tjestenina. Dodajte luk i češnjak i kuhajte uz povremeno miješanje na srednjoj vatri 10 minuta. Dodajte artičoke i 2 žlice vode. Posoliti i popapriti po ukusu. Kuhajte 10 minuta ili dok artičoke ne omekšaju.

3. Umiješajte grašak. Kuhajte 5 minuta ili dok grašak ne omekša. Maknite s vatre i umiješajte bosiljak.

4. Zakuhajte najmanje 4 litre vode. Dodajte 2 žlice soli pa tjesteninu. Dobro promiješati. Kuhajte uz često miješanje dok tjestenina ne postane al dente, mekana, ali čvrsta. Dio tekućine od kuhanja ostavite sa strane. Ocijedite tjesteninu.

5. Pomiješajte tjesteninu s umakom od artičoka i eventualno s malo tekućine od kuhanja. Dodajte malo ekstra djevičanskog maslinovog ulja i ponovno promiješajte. Pospite sirom i odmah poslužite.

Fettuccine s artičokama i vrganjima

Fettuccine s Carciofi i vrganjima

Za 4 do 6 porcija

Artičoke i vrganji možda zvuče kao neobična kombinacija, ali ne u Liguriji, gdje sam jeo ovu tjesteninu. Budući da je ovo jelo vrlo ukusno, ribani sir nije potreban, pogotovo ako ga prelijete dobrim ekstra djevičanskim maslinovim uljem.

1 unca suhih vrganja

1 šalica tople vode

1 funta artičoka

1/4 šalice maslinovog ulja

1 manja glavica luka nasjeckana

1 režanj češnjaka, vrlo sitno nasjeckan

2 žlice nasjeckanog svježeg peršina

1 šalica oguljenih, sjemenki i nasjeckanih svježih rajčica ili ocijeđenih i nasjeckanih konzerviranih uvezenih talijanskih rajčica

Sol i svježe mljeveni crni papar

1 funta suhih fettuccina

Ekstra djevičansko maslinovo ulje

1. Stavite gljive u vodu i namačite ih 30 minuta. Gljive izvaditi iz vode i zadržati tekućinu. Isperite gljive pod hladnom tekućom vodom kako biste uklonili sav pijesak, obraćajući posebnu pozornost na krajeve stabljika gdje se nakuplja zemlja. Gljive grubo nasjeckajte. Procijedite tekućinu od gljiva u zdjelu. Staviti sa strane.

2. Koristeći veliki nož, odrežite gornji 1 inč artičoka. Dobro ih isperite pod hladnom vodom. Savijte se i odrežite male listove oko baze. Škarama odrežite šiljate vrhove preostalih listova. Uklonite čvrstu vanjsku kožicu sa stabljika i oko baze. Artičoke prerežite na pola. Malim nožem sastružite dlakave listove u sredini. Artičoke narežite na tanke ploške.

3. Ulijte ulje u tavu dovoljno veliku da u nju stane kuhana tjestenina. Dodajte luk, gljive, peršin i češnjak i kuhajte na srednjoj vatri 10 minuta. Umiješajte artičoke, rajčice te sol i papar po ukusu. Kuhajte 10 minuta. Dodajte tekućinu od gljiva i

kuhajte još 10 minuta ili dok artičoke ne omekšaju kada se probaju nožem.

4. Zakuhajte 4 litre vode u velikom loncu. Dodajte 2 žlice soli pa tjesteninu. Dobro promiješati. Kuhajte na jakoj vatri, često miješajući, dok tjestenina ne postane al dente, mekana, ali čvrsta. Dio tekućine od kuhanja ostavite sa strane. Ocijedite tjesteninu.

5. Tjesteninu pomiješajte s umakom i eventualno malo tekućine od kuhanja. Prelijte ekstra djevičanskim maslinovim uljem i odmah poslužite.

Rigatoni s Ragu od patlidžana

Rigatoni s Ragù di Melanzaneom

Za 4 do 6 porcija

Meso se obično dodaje umaku od rajčice kako bi se napravio ragù, ali ova vegetarijanska verzija Basilicate koristi patlidžan jer je jednako bogat i ukusan.

Rigau nazivu oblika tjestenine, kao što su rigatoni ili penne rigate, označava da ima grebene koji djeluju kao hvataljke za umak. Rigatoni su velika rebrasta kuhala za tjesteninu. Njihova debljina i veliki oblik nadopunjuju slane krpice s izdašnim sastojcima.

1/4 šalice maslinovog ulja

1/4 šalice nasjeckane ljutike

4 šalice nasjeckanog patlidžana

1/2 šalice nasjeckane crvene paprike

1/2 šalice suhog bijelog vina

11/2 funte rajčica šljiva, oguljenih, bez sjemenki i nasjeckanih, ili 2 šalice konzerviranih uvezenih talijanskih rajčica s njihovim sokom

Grančica svježe majčine dušice

Slano

Svježe mljeveni crni papar

1 funta rigatoni, penne ili farfalle

Ekstra djevičansko maslinovo ulje, za podlijevanje

1. Ulijte ulje u veliku tešku tavu. Dodajte ljutiku i kuhajte na srednjoj vatri 1 minutu. Dodajte patlidžan i crvenu papriku. Kuhajte uz često miješanje dok povrće ne uvene, oko 10 minuta.

2. Dodajte vino i kuhajte 1 minutu dok ne ispari.

3. Dodajte rajčice, timijan, sol i papar po ukusu. Smanjite toplinu. Kuhajte, povremeno miješajući, 40 minuta ili dok umak ne postane gust, a povrće vrlo mekano. Ako smjesa postane presuha, umiješajte malo vode. Uklonite timijan.

4. Zakuhajte najmanje 4 litre vode u velikom loncu. Dodajte 2 žlice soli pa tjesteninu. Dobro promiješati. Kuhajte na jakoj vatri, često miješajući, dok tjestenina ne postane al dente, mekana, ali čvrsta. Dio tekućine od kuhanja ostavite sa strane. Tjesteninu ocijedite i stavite u toplu zdjelu za posluživanje.

5. Žlicom dodajte umak i dobro promiješajte, po potrebi dodajte malo tekućine od kuhanja. Pokapajte s malo ekstra djevičanskog maslinovog ulja i ponovno promiješajte. Poslužite odmah.

Sicilijanski špageti s patlidžanima

Špageti po normi

Za 4 do 6 porcija

normalannaziv je prekrasne opere koju je skladao Sicilijanac Vincenzo Bellini. Ova tjestenina, napravljena od patlidžana - omiljenog povrća na Siciliji - dobila je ime u čast opere.

Ricotta salata je prešani oblik ricotte koja je dobra narezana kao jestivi sir ili naribana preko tjestenine. Postoji i dimljena verzija koja je posebno ukusna, iako je nikad nisam vidio izvan Sicilije. Ako ne možete pronaći salatu od ricotte, zamijenite je fetom, koja je vrlo slična, ili upotrijebite Pecorino Romano.

1 srednji patlidžan, obrezan i narezan na 1/4 inča debljine

Slano

Maslinovo ulje za prženje

2 češnja češnjaka, lagano zgnječena

Prstohvat crvene mljevene paprike

3 funte zrelih rajčica šljiva, oguljenih, sjemenki i nasjeckanih, ili 1 (28 unci) limenka uvezenih talijanskih pelata, ocijeđenih i nasjeckanih

6 listova svježeg bosiljka

1 funta špageta

1 šalica naribane salate od ricotte ili pecorina romana

1. Ploške patlidžana stavite u cjedilo iznad tanjura i svaki sloj pospite solju. Pustite da odstoji 30 do 60 minuta. Operite patlidžan i dobro ga osušite kuhinjskim papirom.

2. Ulijte oko 1/2 inča ulja u duboku tešku tavu. Zagrijte ulje na srednje jakoj vatri dok mali komadić patlidžana ne zacvrči kada ga dodate u tavu. Pržite kriške patlidžana nekoliko po nekoliko s obje strane dok ne porumene. Ocijediti na kuhinjskom papiru.

3. U srednju posudu ulijte 3 žlice ulja. Dodajte češnjak i mljevenu crvenu papriku i kuhajte na srednje jakoj vatri dok češnjak ne poprimi duboku zlatnosmeđu boju, oko 4 minute. Uklonite češnjak. Dodajte rajčice i posolite po ukusu. Smanjite vatru i kuhajte 20 do 30 minuta ili dok se umak ne zgusne. Umiješajte bosiljak i ugasite vatru.

4. Zakuhajte najmanje 4 litre vode u velikom loncu. Dodajte 2 žlice soli pa tjesteninu. Dobro promiješati. Kuhajte na jakoj vatri, često miješajući, dok tjestenina ne postane al dente, mekana, ali još uvijek čvrsta na zalogaj. Dio tekućine od kuhanja ostavite sa strane. Ocijedite tjesteninu.

5. Tjesteninu s umakom ubacite u toplu zdjelu za posluživanje, po potrebi dodajte malo tekućine od kuhanja. Dodajte sir i ponovno promiješajte. Pospite ploškama patlidžana i odmah poslužite.

Leptir mašne s brokulom, rajčicama, pinjolima i grožđicama

Farfalle alla Siciliana

Za 4 do 6 porcija

Pinjoli daju ugodnu hrskavost, a grožđice daju slatkoću ovoj ukusnoj sicilijanskoj tjestenini. Brokula se kuha u istoj tavi kao i tjestenina, što stvarno sjedinjuje okuse. Ako se nađete s velikim okruglim rajčicama umjesto šljivama, možete ih zamijeniti, iako je umak rjeđi i možda će se trebati još malo kuhati.

1/3 šalice maslinovog ulja

2 češnja češnjaka, sitno nasjeckana

Prstohvat crvene mljevene paprike

2 1/2 funte svježih rajčica (oko 15), oguljenih, bez sjemenki i nasjeckanih

Sol i svježe mljeveni crni papar

2 žlice grožđica

1 funta farfala

1 srednja vezica brokule, uklonite peteljke i narežite na male cvjetiće

2 žlice prženih pinjola

1. Ulijte ulje u tavu dovoljno veliku da u nju stane tjestenina. Dodajte češnjak i mljevenu crvenu papriku. Kuhajte na srednjoj vatri dok češnjak ne porumeni, oko 2 minute. Dodajte rajčice te sol i papar po ukusu. Pustite da zavrije i kuhajte dok se umak ne zgusne, 15 do 20 minuta. Umiješajte grožđice i maknite s vatre.

2. Zakuhajte najmanje 4 litre vode u velikom loncu. Dodajte 2 žlice soli pa tjesteninu. Dobro promiješati. Kuhajte uz često miješanje dok voda ponovno ne zavrije.

3. Dodajte brokulu u tjesteninu. Kuhajte uz često miješanje dok tjestenina ne postane al dente, mekana, ali čvrsta. Dio tekućine od kuhanja ostavite sa strane.

4. Ocijedite tjesteninu i brokulu. Dodajte ih u tavu s rajčicama, po potrebi dolijevajući malo tekućine od kuhanja. Baci dobro. Pospite pinjolima i odmah poslužite.

Cavatelli s povrćem od češnjaka i krumpirom

Cavatelli s Verdure i Patate

Za 4 do 6 porcija

Pranje povrća mi možda i nije najdraži zadatak, ali još je gore pronaći griz u hrani, pa ga perem barem tri puta. Vrijedno je toga. U ovom receptu možete koristiti samo jednu sortu, ali mješavina dva ili tri različita povrća dat će jelu zanimljivu teksturu i okus.

Krumpir u ovom receptu treba narezati na sitne komadiće kako bi se kuhao s tjesteninom. Na kraju su malo prekuhane i mrvičaste, dajući tjestenini gnjecavu mlakonju.

1 1/2 funte izrezanog povrća, poput brokule rabe, mizune, senfa, kelja ili maslačka

Slano

1/3 šalice maslinovog ulja

4 češnja češnjaka, tanko narezana

Prstohvat crvene mljevene paprike

Sol i svježe mljeveni crni papar

1 funta cavatellija

1 funta kuhanog krumpira, oguljenog i narezanog na komade od 1 inča

1. Napunite sudoper ili veliku zdjelu hladnom vodom. Dodajte zelje i promiješajte ga u vodi. Prebacite zelje u cjedilo, promijenite vodu i ponovite barem još dva puta kako biste uklonili sve tragove pijeska.

2. Zakuhajte veliku posudu s vodom. Dodajte zelje i sol po ukusu. Kuhajte dok zelje ne omekša, 5 do 10 minuta, ovisno o vrsti koju koristite. Ocijedite zelje i ostavite da se malo ohladi pod hladnom tekućom vodom. Zelenje narežite na komadiće veličine zalogaja.

3. Ulijte ulje u tavu dovoljno veliku da u nju stane kuhana tjestenina. Dodajte češnjak i mljevenu crvenu papriku. Kuhajte na srednjoj vatri dok češnjak ne porumeni, 2 minute. Dodajte zelje i prstohvat soli. Kuhajte uz miješanje dok se povrće ne prekrije uljem, oko 5 minuta.

4. Zakuhajte najmanje 4 litre vode u velikom loncu. Dodajte 2 žlice soli pa tjesteninu. Kuhajte uz često miješanje dok voda ponovno ne zavrije. Dodajte krumpir i kuhajte dok tjestenina ne postane

al dente, mekana, ali čvrsta. Dio tekućine od kuhanja ostavite sa strane. Ocijedite tjesteninu.

5. Dodajte tjesteninu i krumpir u povrće i dobro promiješajte. Dodajte malo vode od kuhanja ako vam se tjestenina čini suha. Poslužite odmah.

Linguine s tikvicama

Linguine s tikvicama

Za 4 do 6 porcija

Oduprite se želji da kupite bilo koje osim malih do srednje velikih tikvica i recite ne zahvaljujući prijateljima vrtlarima koji očajnički nude bundeve veličine jazavčara. Divovske tikvice su vodenaste, sa sjemenkama i bez okusa, ali one dužine hrenovke, a ne deblje od kobasice, nježne su i ukusne.

Posebno mi se sviđa Pecorino Romano - oštar i pikantan sir od ovčjeg mlijeka iz južne Italije - u ovom receptu.

6 malih zelenih ili žutih tikvica (oko 2 funte)

1/3 šalice maslinovog ulja

3 češnja češnjaka, nasjeckana

Sol i svježe mljeveni crni papar

1/4 šalice nasjeckanog svježeg bosiljka

2 žlice nasjeckanog svježeg peršina

1 žlica nasjeckanog svježeg timijana

1 funta linguina

1/2 šalice svježe naribanog pecorina romana

1. Oribajte tikvice pod hladnom vodom. Podrežite vrhove. Narežite po dužini na četvrtine pa na ploške.

2. Zagrijte ulje na srednje jakoj vatri u tavi dovoljno velikoj da u nju stane tjestenina. Dodajte tikvice i kuhajte, povremeno miješajući, dok lagano ne porumene i ne omekšaju, oko 10 minuta. Gurnite tikvice na ploču te dodajte češnjak, sol i papar. Prokuhajte 2 minute. Dodajte začine, tikvice ponovno umiješajte u začine i maknite s vatre.

3. Dok se tikvice kuhaju, zakuhajte 4 litre vode u velikom loncu. Dodajte 2 žlice soli pa tjesteninu. Dobro promiješati. Kuhajte na jakoj vatri, često miješajući, dok tjestenina ne postane al dente, mekana, ali čvrsta. Dio tekućine od kuhanja ostavite sa strane.

4. Ocijedite tjesteninu. Stavite tjesteninu u tavu s tikvicama. Dobro promiješajte, po potrebi dodajte malo tekućine od kuhanja. Dodajte sir i ponovno promiješajte. Poslužite odmah.

Pene s povrćem na žaru

Pasta con Verdure alla Griglia

Za 4 do 6 porcija

Iako obično ostavljam kožu na patlidžanima, pečenje na roštilju čini kožu žilavom, pa je ogulim prije nego što zapalim roštilj. A ako vaši patlidžani nisu svježi s farme, možda biste ih trebali posoliti prije kuhanja kako biste smanjili gorčinu koja se povećava kako povrće sazrijeva. Da biste to učinili, ogulite i narežite patlidžan, zatim ploške stavite u cjedilo i svaki sloj pospite krupnom soli. Ostavite stajati 30 do 60 minuta kako biste uklonili tekućinu. Isperite sol, osušite i kuhajte prema uputama.

2 kilograma rajčica (oko 12)

Maslinovo ulje

1 srednji patlidžan, oguljen i narezan na deblje ploške

2 srednje velike glavice crvenog ili bijelog slatkog luka, narezane na deblje ploške

Sol i svježe mljeveni crni papar

2 češnja češnjaka, vrlo sitno nasjeckana

12 svježih listova bosiljka, narezanih na male komadiće

1 funta penne

1/2 šalice svježe naribanog pecorina romana

1. Postavite rešetku za roštilj ili rešetku za broilere oko četiri inča od izvora topline. Prethodno zagrijte brojler ili brojler. Stavite rajčice na roštilj. Kuhajte, često okrećući hvataljkama, dok rajčice ne omekšaju, a kore malo pougljenjene i olabave se. Izvadite rajčice. Ploške patlidžana i luka premažite uljem i pospite solju i paprom. Pecite na roštilju dok povrće ne omekša i ne porumeni, ali ne pocrni, oko 5 minuta sa svake strane.

2. Rajčici skinite kožicu i odrežite vrhove peteljki. Stavite rajčice u veliku zdjelu za posluživanje i izgnječite ih vilicom. Umiješajte češnjak, bosiljak, 1/4 šalice ulja te sol i papar po ukusu.

3. Patlidžan i luk narežite na tanke trakice i dodajte rajčicama.

4. Zakuhajte najmanje 4 litre vode u velikom loncu. Dodajte 2 žlice soli pa tjesteninu. Dobro promiješati. Kuhajte na jakoj vatri, često miješajući, dok tjestenina ne postane al dente, mekana, ali čvrsta. Dio tekućine od kuhanja ostavite sa strane.

5. Ocijedite tjesteninu. U veliku zdjelu za posluživanje ubacite tjesteninu s povrćem. Dodajte malo tekućine od kuhanja ako se tjestenina čini suhom. Dodajte sir i odmah poslužite.

Penne s gljivama, češnjakom i ružmarinom

Penne s Funghijem

Za 4 do 6 porcija

U ovom receptu možete koristiti bilo koju vrstu gljive koju volite, kao što su bukovače, shiitake, cremini ili standardne bijele gljive. Pogotovo je kombinacija dobra. Ako imate stvarno divlje gljive, poput smrčaka, dobro ih očistite, jer mogu biti jako škrtavi.

1/4 šalice maslinovog ulja

1 funta gljiva, tanko narezanih

2 velika režnja češnjaka, nasjeckana

2 žličice vrlo sitno nasjeckanog svježeg ružmarina

Sol i svježe mljeveni crni papar

1 funta penne ili farfalle

2 žlice neslanog maslaca

2 žlice nasjeckanog svježeg peršina

1. Zagrijte ulje na srednje jakoj vatri u tavi dovoljno velikoj da u nju stane tjestenina. Dodajte gljive, češnjak i ružmarin. Kuhajte uz često miješanje dok gljive ne počnu otpuštati vlagu, oko 10 minuta. Posoliti i popapriti po ukusu. Kuhajte uz često miješanje dok gljive lagano ne porumene, još oko 5 minuta.

2. Zakuhajte najmanje 4 litre vode u velikom loncu. Dodajte 2 žlice soli pa tjesteninu. Dobro promiješati. Kuhajte na jakoj vatri, često miješajući, dok tjestenina ne postane al dente, mekana, ali čvrsta. Dio tekućine od kuhanja ostavite sa strane.

3. Ocijedite tjesteninu. Ubacite tjesteninu u tavu s gljivama, maslacem i peršinom. Dodajte malo vode od kuhanja ako vam se tjestenina čini suha. Poslužite odmah.

Linguine s ciklom i češnjakom

Linguine s barbabietoleom

Za 4 do 6 porcija

Tjestenina i cikla možda zvuči kao neobična kombinacija, ali otkako sam je kušao u jednom gradiću na obali Emilia-Romagne, meni je omiljena. Ne samo da je ukusna, već je i jedno od najljepših jela s tjesteninom koje znam. Svi će biti zadivljeni prekrasnom bojom. Napravite ovo u kasno ljeto i ranu jesen kada je svježa crvena cikla najslađa.

8 srednjih cikla, orezana

1/3 šalice maslinovog ulja

3 češnja češnjaka, nasjeckana

Prstohvat mljevene crvene paprike ili po ukusu

Slano

1 funta linguina

1. Postavite rešetku u sredinu pećnice. Zagrijte pećnicu na 450 ° F. Oribajte ciklu i zamotajte je u veliki komad aluminijske folije,

čvrsto zatvorite. Stavite paket na lim za pečenje. Pecite 45 do 75 minuta, ovisno o veličini, ili dok cikla ne postane mekana kada je oštrim nožem probodete kroz foliju. Pustite da se cikla ohladi u foliji. Ogulite i narežite ciklu.

2. Ulijte ulje u tavu dovoljno veliku da u nju stane kuhana tjestenina. Dodajte češnjak i mljevenu crvenu papriku. Kuhajte na srednjoj vatri dok češnjak ne porumeni, oko 2 minute. Dodajte ciklu i ubacite je u mješavinu ulja dok se ne skuha.

3. Zakuhajte najmanje 4 litre vode u velikom loncu. Dodajte 2 žlice soli pa tjesteninu. Dobro promiješati. Kuhajte na jakoj vatri, često miješajući, dok tjestenina ne postane al dente, mekana, ali čvrsta.

4. Ocijedite tjesteninu, a dio tekućine od kuhanja ostavite. Ulijte linguine u tavu s ciklom. Dodajte malo vode od kuhanja i kuhajte na srednjoj vatri, okrećući tjesteninu vilicom i žlicom dok ne dobije ravnomjernu boju, oko 2 minute. Poslužite odmah.

Leptir mašne s ciklom i zelenilom

Farfalle s barbabietoleom

Za 4 do 6 porcija

Ovo je varijacija<u>Linguine s ciklom i češnjakom</u>receptu, koristeći i ciklu i zelje od cikle. Ako vrhovi cikle izgledaju mlohavo ili smeđe, zamijenite ih pola kilograma svježeg špinata, blitve ili drugog povrća.

1 vezica svježe cikle s klobucima (4 do 5 cikla)

1/3 šalice maslinovog ulja

2 velika režnja češnjaka, nasjeckana

Sol i svježe mljeveni crni papar

1 funta farfala

4 unce ricotta salate, nasjeckane

1. Postavite rešetku u sredinu pećnice. Zagrijte pećnicu na 450 ° F. Odrežite zelenu repu i stavite je sa strane. Oribajte ciklu i zamotajte je u veliki komad aluminijske folije, dobro zatvorite. Stavite paket na lim za pečenje. Pecite 45 do 75 minuta, ovisno o

veličini, ili dok cikla ne postane mekana kada je oštrim nožem probodete kroz foliju. Pustite da se cikla ohladi u foliji. Uklonite foliju s pakiranja, ogulite i narežite ciklu na komade.

2. Zelenje dobro operite i uklonite žilave peteljke. Zakuhajte veliku posudu s vodom. Dodajte zelje i sol po ukusu. Kuhajte 5 minuta ili dok zelje gotovo ne omekša. Zelje ocijedite i ohladite pod tekućom vodom. Zelenje krupno nasjeckajte.

3. Ulijte ulje u dovoljno veliku tavu da u nju stane sva tjestenina i povrće. Dodajte češnjak. Kuhajte na srednjoj vatri dok češnjak ne porumeni, oko 2 minute. Dodajte ciklu i zelje te prstohvat soli i papra. Kuhajte, miješajući, oko 5 minuta ili dok se povrće ne zagrije.

4. Zakuhajte najmanje 4 litre vode u velikom loncu. Dodajte 2 žlice soli pa tjesteninu. Dobro promiješati. Kuhajte na jakoj vatri, često miješajući, dok tjestenina ne postane al dente, mekana, ali čvrsta.

5. Ocijedite tjesteninu, a dio tekućine od kuhanja ostavite. Dodajte tjesteninu u tavu s ciklom. Dodajte malo vode od kuhanja i kuhajte uz stalno miješanje dok ne dobijete ravnomjernu boju, oko 1 minutu. Dodajte sir i opet promiješajte. Poslužite odmah uz dobru mrvicu svježe mljevenog crnog papra.

Tjestenina sa salatom

Tjestenina al Insalata

Za 4 do 6 porcija

Tjestenina sa salatom od svježeg povrća prekrasno je lagano ljetno jelo. Imao sam ovo dok sam bio u posjetu prijateljima u Piemonteu. Ne ostavljajte ga predugo jer će povrće izgubiti svoj sjajni okus i izgled.

2 srednje rajčice, nasjeckane

1 srednja lukovica komorača, očišćena i narezana na komade veličine zalogaja

1 manja glavica crvenog luka nasjeckana

1/4 šalice ekstra djevičanskog maslinovog ulja

2 žlice bosiljka narezanog na tanke vrpce

Sol i svježe mljeveni crni papar

2 šalice obrezane rikule, natrgane na komade veličine zalogaja

1 funta laktova

1. U velikoj zdjeli za posluživanje pomiješajte rajčice, komorač, luk, maslinovo ulje, bosiljak te sol i papar po ukusu. Dobro promiješati. Završite rikulom.

2. Zakuhajte najmanje 4 litre vode u velikom loncu. Dodajte 2 žlice soli pa tjesteninu. Kuhajte na jakoj vatri, često miješajući, dok tjestenina ne postane al dente, mekana, ali čvrsta. Dio tekućine od kuhanja ostavite sa strane. Ocijedite tjesteninu.

3. Pomiješajte tjesteninu sa smjesom za salatu. Dodajte malo vode od kuhanja ako vam se tjestenina čini suha. Poslužite odmah.

Fusilli s pečenim rajčicama

Fusilli con Pomodori al Forno

Za 4 do 6 porcija

Pečene rajčice omiljeni su prilog u mojoj kući, nešto što poslužujem uz ribu, teleće kotlete ili odreske. Jednog sam dana pripremila punu veliku šerpu, ali im nisam imala s čim poslužiti osim s malo sušene tjestenine. Pečene rajčice i njihov sok prelila sam svježe kuhanim fusilima. Sada to uvijek napravim.

2 kilograma zrelih rajčica (oko 12 do 14), narezanih na kriške debljine 1/2 inča

3 velika češnja češnjaka, sitno nasjeckana

1/2 žličice sušenog origana

Sol i svježe mljeveni crni papar

1/3 šalice maslinovog ulja

1 funta fusila

1/2 šalice nasjeckanog svježeg bosiljka ili ravnog peršina

1. Postavite rešetku u sredinu pećnice. Zagrijte pećnicu na 400 ° F. Namastite posudu za pečenje 13 × 9 × 2 inča ili posudu za pečenje.

2. Polovicu ploški rajčice rasporedite po pripremljenom jelu. Pospite češnjakom, origanom te solju i paprom po ukusu. Ukrasite preostalim rajčicama. Prelijte uljem.

3. Pecite dok rajčice ne omekšaju, 30 do 40 minuta. Izvadite posudu iz pećnice.

4. Zakuhajte najmanje 4 litre vode u velikom loncu. Dodajte 2 žlice soli pa tjesteninu. Dobro promiješati. Kuhajte na jakoj vatri, često miješajući, dok tjestenina ne postane al dente, mekana, ali čvrsta. Ocijedite tjesteninu, a dio tekućine od kuhanja ostavite.

5. Na pržene rajčice stavite tjesteninu i dobro promiješajte. Dodajte bosiljak ili peršin i ponovno promiješajte, dodajte malo vode od kuhanja ako se tjestenina čini suhom. Poslužite odmah.

Laktovi s krumpirom, rajčicama i rikulom

La Bandiera

Za 6 do 8 porcija

U Pugliji se ova tjestenina zove "zastava" jer ima crvenu, bijelu i zelenu boju talijanske zastave. Neki ga kuhari rade s više tekućine i poslužuju kao juhu.

1/4 šalice maslinovog ulja

2 velika režnja češnjaka, nasjeckana

Prstohvat crvene mljevene paprike

1 1/2 kilograma zrelih rajčica, oguljenih, bez sjemenki i nasjeckanih (oko 3 šalice)

2 žlice nasjeckanog svježeg bosiljka

Sol i svježe mljeveni crni papar

1 funta laktova

3 krumpira srednje kuhanja (1 funta), oguljena i izrezana na komade od 1 inča

2 vezice rikule, obrezane i narezane na komade od 1 inča (oko 4 šalice)

1/3 šalice svježe naribanog pecorina romana

1. Ulijte ulje u tavu dovoljno veliku da u nju stane tjestenina. Dodajte češnjak i mljevenu crvenu papriku. Kuhajte na srednjoj vatri dok češnjak ne porumeni, 2 minute.

2. Dodajte rajčice, bosiljak te sol i papar po ukusu. Pustite da zavrije i kuhajte uz povremeno miješanje dok se umak malo ne zgusne, oko 10 minuta.

3. Zakuhajte najmanje 4 litre vode u velikom loncu. Dodajte 2 žlice soli pa tjesteninu. Dobro promiješati. Kad voda ponovno zakipi umiješajte krumpir. Kuhajte uz često miješanje dok tjestenina ne postane al dente, mekana, ali čvrsta.

4. Ocijedite tjesteninu i krumpir, a dio tekućine od kuhanja ostavite. Tjesteninu, krumpir i rikulu umiješajte u umak od rajčice koji se lagano kuha. Kuhajte uz miješanje 1 do 2 minute ili dok tjestenina i povrće nisu dobro obloženi umakom. Dodajte malo vode od kuhanja ako vam se tjestenina čini suha.

5. Umiješajte sir i odmah poslužite.

rimski ruralni linguine

Linguine alla Ciociara

Za 4 do 6 porcija

Moji prijatelji Diane Darrow i Tom Maresca, koji pišu o talijanskom vinu i hrani, upoznali su me s ovom rimskom tjesteninom. Naziv na lokalnom dijalektu znači "seljački ženski stil". Svježi, travnati okus zelene paprike čini ovu jednostavnu tjesteninu neobičnom.

1 srednja zelena paprika

1/2 šalice maslinovog ulja

2 šalice oguljenih, sjemenki i nasjeckanih svježih rajčica ili ocijeđenih i nasjeckanih konzerviranih talijanskih uvezenih rajčica

1/2 šalice grubo nasjeckanih Gaeta ili drugih crnih maslina sušenih na ulju

Slano

Prstohvat crvene mljevene paprike

1 funta linguina ili špageta

½ šalice svježe naribanog pecorina romana

1. Papriku prerežite na pola i uklonite peteljku i sjemenke. Papriku narežite uzdužno na vrlo tanke ploške, a zatim ploške poprečno na trećine.

2. U tavi dovoljno velikoj da u nju stanu kuhani špageti zagrijte ulje na srednje jakoj vatri. Dodajte rajčice, papriku, masline, sol po ukusu i mljevenu crvenu papriku. Zakuhajte i kuhajte uz povremeno miješanje dok se umak malo ne zgusne, oko 20 minuta.

3. Zakuhajte najmanje 4 litre vode u velikom loncu. Dodajte 2 žlice soli pa tjesteninu. Dobro promiješati. Kuhajte na jakoj vatri, često miješajući, dok tjestenina ne postane al dente, mekana, ali čvrsta. Ocijedite tjesteninu, a dio tekućine od kuhanja ostavite.

4. Dodajte tjesteninu u tavu s umakom. Kuhajte i miješajte na srednjoj vatri 1 minutu, dodajte malo vode od kuhanja ako se tjestenina čini suhom. Dodajte sir i ponovno promiješajte. Poslužite odmah.

Penne s proljetnim povrćem i češnjakom

Penne alla Primavera

Za 4 do 6 porcija

Dok je klasičan način za pripremu primavera umaka sa šlagom i maslacem, ova metoda s okusom maslinovog ulja i češnjakom također je dobra.

1/4 šalice maslinovog ulja

4 češnja češnjaka, sitno nasjeckana

8 šparoga, narezanih na komade veličine zalogaja

4 zelena luka, narezana na ploške od 1/4 inča

3 vrlo male tikvice (oko 12 unci), narezane na kriške od 1/4 inča

2 srednje mrkve, narezane na ploške od 1/4 inča

2 žlice vode

Sol i svježe mljeveni crni papar

2 šalice malih cherry ili grožđanih rajčica, prepolovljenih

3 žlice nasjeckanog svježeg peršina

1/2 šalice svježe naribanog pecorina romana

1. Ulijte ulje u tavu dovoljno veliku da u nju stane tjestenina. Dodajte češnjak i kuhajte na srednjoj vatri 2 minute. Umiješajte šparoge, mladi luk, tikvice, mrkvu, vodu te sol i papar po ukusu. Pokrijte tavu i smanjite vatru. Kuhajte dok mrkva gotovo ne omekša, 5 do 10 minuta.

2. Zakuhajte najmanje 4 litre vode u velikom loncu. Dodajte 2 žlice soli pa tjesteninu. Dobro promiješati. Kuhajte na jakoj vatri, često miješajući, dok tjestenina ne postane al dente, mekana, ali čvrsta. Ocijedite tjesteninu, a dio tekućine od kuhanja ostavite.

3. Rajčice i peršin umiješajte u tavu s povrćem i dobro promiješajte. Dodajte tjesteninu i sir i ponovno promiješajte, dodajte malo vode od kuhanja ako vam se tjestenina čini suha. Poslužite odmah.

"Vučena" tjestenina s vrhnjem i gljivama

Tjestenina Strascinata

Za 4 do 6 porcija

Glavni razlog za posjet Torgianu u Umbriji je boravak u Le Tre Vaselle, prekrasnoj seoskoj gostionici s finim restoranom. Suprug i ja smo tu neobičnu "vučenu" tjesteninu jeli prije nekoliko godina. Kratke, šiljaste tuljke tjestenine poznate kao pennette kuhale su se u umaku, u stilu rižota. Nikada i nigdje nisam kuhala tjesteninu na ovaj način.

Budući da je tehnika vrlo različita, pročitajte recept prije nego što počnete i pripremite temeljac i sve sastojke prije nego što počnete.

Vinari obitelji Lungarotti posjeduju Le Tre Vaselle, a jedno od njihovih izvrsnih crnih vina, poput Rubesca, idealno bi pristajalo uz ovu tjesteninu.

1 srednja glavica luka, sitno nasjeckana

6 žlica maslinovog ulja

Pennette, ditalini ili tubetti od 1 funte

2 žlice rakije

5 šalica vrućeg domaćegMesni bujoniliPileći bujonili 2 šalice konzervirane juhe pomiješane s 3 šalice vode

8 unci nasjeckanih bijelih gljiva

Sol i svježe mljeveni crni papar

3/4 šalice šlaga

1 šalica svježe ribanog Parmigiano-Reggiano

1 žlica nasjeckanog svježeg peršina

1. U tavi dovoljno velikoj da stane sva tjestenina, kuhajte luk na 2 žlice ulja na srednjoj vatri dok ne omekša i ne porumeni, oko 10 minuta. Ostružite luk u zdjelu i obrišite tavu.

2. Preostale 4 žlice ulja ulijte u tavu i zagrijte na srednje jakoj vatri. Dodajte tjesteninu i kuhajte, često miješajući, dok tjestenina ne počne smeđiti, oko 5 minuta. Dodajte konjak i kuhajte dok ne ispari.

3. Vratite luk u tavu i umiješajte 2 šalice vrućeg temeljca. Pojačajte vatru na srednju i kuhajte uz često miješanje dok većina temeljca ne upije. Umiješajte još 2 šalice juhe. Kad je većina tekućine upila, umiješajte gljive. Nastavljajući miješati, malo po malo

dodajte preostali temeljac kako bi tjestenina ostala vlažna. Posolite i popaprite.

4. Nakon otprilike 12 minuta od kada ste počeli dodavati temeljac, tjestenina bi trebala biti gotovo al dente, mekana, ali čvrsta. Umiješajte vrhnje i pirjajte dok se malo ne zgusne, oko 1 minutu.

5. Maknite tavu s vatre i umiješajte sir. Umiješajte peršin i odmah poslužite.

Rimska tjestenina od rajčice i mozzarelle

Tjestenina alla Checca

Za 4 do 6 porcija

Kad je moj suprug prvi put probao ovu tjesteninu u Rimu, toliko mu se svidjela da ju je jeo praktički svaki dan našeg boravka. Obavezno koristite kremastu svježu mozzarellu i stvarno zrele rajčice. To je savršena tjestenina za ljetni dan.

3 srednje zrele rajčice

1/4 šalice ekstra djevičanskog maslinovog ulja

1 mali češanj češnjaka, samljeven

Sol i svježe mljeveni crni papar

20 listova bosiljka

1 funta tubetti ili ditalini

8 unci svježe mozzarelle, narezane na male kockice

1. Rajčice prerežite na pola i izvadite im jezgru. Iscijedite sjemenke rajčice. Rajčice narežite na komade i stavite u zdjelu dovoljno veliku da u nju stanu svi sastojci.

2. Umiješajte ulje, češnjak te sol i papar po ukusu. Listove bosiljka naslagati jedan na drugi i narezati na tanke vrpce. U rajčice umiješajte bosiljak. Ovaj umak možete napraviti unaprijed i držati na sobnoj temperaturi do 2 sata.

3. Zakuhajte najmanje 4 litre vode u velikom loncu. Dodajte 2 žlice soli pa tjesteninu. Dobro promiješati. Kuhajte na jakoj vatri, često miješajući, dok tjestenina ne postane al dente, mekana, ali čvrsta. Ocijedite tjesteninu i pomiješajte s umakom. Dodajte mozzarellu i ponovno promiješajte. Poslužite odmah.

Fusilli s tunom i rajčicama

Fusilli al Tonno

Za 4 do 6 porcija

Koliko god uživam u dobrim svježim, rijetkim odrescima tune na žaru, mislim da vjerojatno još više volim konzerviranu tunu. Od njega se, naravno, prave izvrsni sendviči i salate, ali Talijani ga mogu koristiti i u druge svrhe, kao što je klasični Vitello Tonnato (<u>Teletina u umaku od tune</u>) za teletinu, ili oblikovana u paštetu, ili u kombinaciji s tjesteninom, kako kuhari često rade na Siciliji. Za ovaj umak nemojte koristiti tunjevinu s vodom. Okus je previše bljutav, a tekstura premekana. Za najbolji okus i teksturu upotrijebite dobru marku tune u maslinovom ulju iz Italije ili Španjolske.

3 srednje rajčice, nasjeckane

1 konzerva (7 unci) uvezene talijanske ili španjolske tune pakirane u maslinovom ulju

10 svježih listova bosiljka, nasjeckanih

1/2 žličice sušenog origana, izmrvljenog

Prstohvat crvene mljevene paprike

Slano

1 funta fusilla ili rotelle

1. U velikoj zdjeli za posluživanje pomiješajte rajčice, tunu s uljem, bosiljkom, origanom, crvenom paprikom i soli po ukusu.

2. Zakuhajte najmanje 4 litre vode u velikom loncu. Dodajte 2 žlice soli pa tjesteninu. Dobro promiješati. Kuhajte na jakoj vatri, često miješajući, dok tjestenina ne postane al dente, mekana, ali čvrsta. Dio tekućine od kuhanja ostavite sa strane. Ocijedite tjesteninu.

3. Pomiješajte tjesteninu s umakom. Dodajte malo vode od kuhanja ako vam se tjestenina čini suha. Poslužite odmah.

Linguine sa sicilijanskim pestom

Linguine al Pesto Trapanese

Za 4 do 6 porcija

Pesto umak se obično povezuje s Ligurijom, ali to se uglavnom odnosi na sortu bosiljka i češnjaka. Pesto se na talijanskom odnosi na sve što je istucano, nasjeckano ili pasirano, a to je način na koji se ovaj umak obično pravi u Trapaniju, primorskom gradu na zapadnoj Siciliji.

Ovo jelo ima puno okusa; nije potreban sir.

1/2 šalice blanširanih badema

2 velika češnja češnjaka

1/2 šalice upakiranih svježih listova bosiljka

Sol i svježe mljeveni crni papar

1 funta svježih rajčica, oguljenih, sjemenki i nasjeckanih

1/3 šalice ekstra djevičanskog maslinovog ulja

1 funta linguina

1. U procesoru hrane ili blenderu pomiješajte bademe, češnjak, bosiljak te sol i papar po ukusu. Sastojke sitno nasjeckajte. Dodajte rajčice i ulje i miješajte dok ne postane glatko.

2. Zakuhajte najmanje 4 litre vode u velikom loncu. Dodajte 2 žlice soli, a zatim tjesteninu, nježno gurajući prema dolje dok tjestenina potpuno ne potopi. Dobro promiješati. Kuhajte na jakoj vatri, često miješajući, dok tjestenina ne postane al dente, mekana, ali čvrsta. Dio tekućine od kuhanja ostavite sa strane. Ocijedite tjesteninu.

3. Ulijte tjesteninu u veliku toplu zdjelu za posluživanje. Dodajte umak i dobro promiješajte. Dodajte malo vode za tjesteninu ako vam se tjestenina čini suha. Poslužite odmah.

Špageti s "Ludim" pestom

Špageti s pestom Matto

Za 4 do 6 porcija

Ovaj recept je prilagođen iz knjižice "Užici kuhanja tjestenine" koju je objavila tvrtka za proizvodnju tjestenine Agnesi u Italiji. Recepte su poslale domaće kuharice, a autor ovog recepta vjerojatno je improvizirao (otuda i naziv) ovaj netradicionalni pesto.

2 srednje zrele rajčice oguljene, očišćene od sjemenki i nasjeckane

1/2 šalice nasjeckanih crnih maslina

6 listova bosiljka naslaganih i narezanih na tanke vrpce

1 žlica nasjeckanog svježeg timijana

1/4 šalice maslinovog ulja

Sol i svježe mljeveni crni papar

1 funta špageta ili linguina

4 unce mekog svježeg kozjeg sira

1. U velikoj zdjeli za posluživanje pomiješajte rajčice, masline, bosiljak, timijan, ulje te sol i papar po ukusu.

2. Zakuhajte najmanje 4 litre vode u velikom loncu. Dodajte 2 žlice soli, a zatim tjesteninu, nježno gurajući prema dolje dok tjestenina potpuno ne potopi. Dobro promiješati. Kuhajte na jakoj vatri uz često miješanje dok tjestenina ne omekša. Ocijedite tjesteninu.

3. Dodajte tjesteninu u zdjelu s rajčicama i dobro promiješajte. Dodajte kozji sir i ponovno promiješajte. Poslužite odmah.

Leptir mašne s nekuhanim umakom Puttanesca

Farfalle alla Puttanesca

Za 4 do 6 porcija

Sastojci u ovom umaku za tjesteninu slični su onima za<u>Linguine s inćunima i pikantnim umakom od rajčice</u>, ali okus je vrlo različit, jer ovaj umak ne treba kuhati.

1 pola litre cherry ili grožđane rajčice, prepolovljene

6 do 8 fileta inćuna, sitno nasjeckanih

1 veliki režanj češnjaka, vrlo sitno nasjeckan

1/2 šalice očišćenih i nasjeckanih Gaeta ili drugih blagih crnih maslina

1/4 šalice sitno nasjeckanog svježeg ravnog peršina

2 žlice kapara, opranih i sitno nasjeckanih

1/2 žličice sušenog origana

1/4 šalice ekstra djevičanskog maslinovog ulja

Posolite po ukusu

Prstohvat crvene mljevene paprike

1 funta farfallea ili suhih fettuccina

1. U velikoj zdjeli za posluživanje pomiješajte rajčice, inćune, češnjak, masline, peršin, kapare, origano, ulje, sol i crvenu papriku. Pustite da stoji na sobnoj temperaturi 1 sat.

2. Zakuhajte najmanje 4 litre vode u velikom loncu. Dodajte 2 žlice soli pa tjesteninu. Dobro promiješati. Kuhajte na jakoj vatri uz često miješanje dok tjestenina ne omekša. Dio tekućine od kuhanja ostavite sa strane. Ocijedite tjesteninu.

3. Pomiješajte tjesteninu s umakom. Dodajte malo vode od kuhanja ako vam se tjestenina čini suha. Poslužite odmah.

Tjestenina sa sirovim povrćem

Tjestenina alla Crudaiola

Za 4 do 6 porcija

Celer dodaje hrskavost i limunov sok za čisti, lagani okus ovoj jednostavnoj ljetnoj tjestenini.

2 kilograma zrelih rajčica, oguljenih, sjemenki i nasjeckanih

1 režanj češnjaka, vrlo sitno nasjeckan

1 šalica mekih rebarca celera, tanko narezanih

1/2 šalice listova bosiljka, naslaganih i narezanih na tanke vrpce

1/2 šalice Gaeta ili drugih blagih crnih maslina, bez koštica i nasjeckanih

1/4 šalice ekstra djevičanskog maslinovog ulja

1 žlica soka od limuna

Sol i svježe mljeveni crni papar

1 funta fusilla ili gemellija

1. Stavite rajčice u veliku zdjelu s češnjakom, celerom, bosiljkom i maslinama i dobro promiješajte. Umiješajte ulje, limunov sok te sol i papar po ukusu.

2. Zakuhajte najmanje 4 litre vode u velikom loncu. Dodajte 2 žlice soli pa tjesteninu. Dobro promiješati. Kuhajte na jakoj vatri uz često miješanje dok tjestenina ne omekša. Ocijedite tjesteninu i brzo je promiješajte kroz umak. Poslužite odmah.

"Požuri" Špageti

Špageti Sciue' Sciue'

Za 4 do 6 porcija

Male rajčice imaju veliki okus rajčice i u sezoni su cijele godine. Cherry rajčice također dobro funkcioniraju u ovom receptu. Napuljski izraz sciue' sciue' (izgovara se shoo-ay, shoo-ay) znači nešto poput "požurite", a ovaj se umak brzo priprema.

1/4 šalice maslinovog ulja

3 češnja češnjaka, tanko narezana

Prstohvat crvene mljevene paprike

3 šalice rajčica grožđa ili cherry rajčica, prepolovljenih

Slano

Prstohvat sušenog origana, izmrvljenog

1 funta špageta

1. Ulijte ulje u tavu dovoljno veliku da u nju stane kuhana tjestenina. Dodajte češnjak i crvenu papriku. Kuhajte na srednjoj vatri dok češnjak ne postane lagano zlatne boje, oko 2 minute.

Dodajte rajčice, sol po ukusu i origano. Kuhajte, miješajući jednom ili dvaput, 10 minuta ili dok rajčice ne omekšaju, a sok se malo smanji. Ugasite vatru.

2. Zakuhajte najmanje 4 litre vode u velikom loncu. Dodajte 2 žlice soli, a zatim tjesteninu, nježno gurajući prema dolje dok tjestenina potpuno ne potopi. Dobro promiješati. Kuhajte na jakoj vatri, često miješajući, dok tjestenina ne postane al dente, mekana, ali čvrsta. Ocijedite tjesteninu, a dio tekućine od kuhanja ostavite.

3. Dodajte tjesteninu u tavu s umakom od rajčice. Pojačajte vatru i kuhajte uz miješanje 1 minutu. Dodajte malo vode od kuhanja ako vam se tjestenina čini suha. Poslužite odmah.

"Ljutita" Penne

Penne All'Arrabbiata

Za 4 do 6 porcija

Ovaj penne u rimskom stilu naziva se "ljutim" zbog mlaznog ljutog okusa umaka od rajčice. Koristite onoliko ili manje mljevene crvene paprike koliko želite. Ova se tjestenina najčešće poslužuje bez sira.

1/4 šalice maslinovog ulja

4 češnja češnjaka, lagano zgnječena

Mljevena crvena paprika po ukusu

2 funte svježih rajčica, oguljenih, očišćenih od sjemenki i nasjeckanih, ili 1 (28 unci) konzerva uvezenih talijanskih pelata, ocijeđenih i nasjeckanih

2 lista svježeg bosiljka

Slano

1 funta penne

1. Ulijte ulje u dovoljno veliku tavu da u nju stane sva tjestenina. Dodajte češnjak i papar i kuhajte dok češnjak ne porumeni, oko 5 minuta. Uklonite češnjak.

2. Dodajte rajčice, bosiljak i sol po ukusu. Kuhajte 15 do 20 minuta ili dok umak ne postane gust.

3. Zakuhajte najmanje 4 litre vode u velikom loncu. Dodajte 2 žlice soli pa tjesteninu. Dobro promiješati. Kuhajte na jakoj vatri, često miješajući, dok tjestenina ne postane al dente, mekana, ali čvrsta. Dio tekućine od kuhanja ostavite sa strane. Ocijedite tjesteninu.

4. Dodajte penne u tavu i dobro promiješajte na jakoj vatri. Dodajte malo vode od kuhanja ako vam se tjestenina čini suha. Poslužite odmah.

www.ingramcontent.com/pod-product-compliance
Lightning Source LLC
Chambersburg PA
CBHW071435080526
44587CB00014B/1853